TINA STEFANI

LEBENSINVENTUR
der Beginn einer langen Reise

novum pro

www.novumverlag.com

Bibliografische Information
der Deutschen Nationalbibliothek:

Die Deutsche Nationalbibliothek
verzeichnet diese Publikation in
der Deutschen Nationalbibliografie.
Detaillierte bibliografische Daten
sind im Internet über
http://www.d-nb.de abrufbar.

Alle Rechte der Verbreitung,
auch durch Film, Funk und Fernsehen,
fotomechanische Wiedergabe,
Tonträger, elektronische Datenträger
und auszugsweisen Nachdruck,
sind vorbehalten

Gedruckt in der Europäischen Union
auf umweltfreundlichem, chlor- und
säurefrei gebleichtem Papier.

© 2023 novum Verlag

ISBN 978-3-99131-683-1
Lektorat: Elena Iby
Umschlagfoto: Rainer Stefani
Umschlaggestaltung, Layout & Satz:
novum Verlag
Innenabbildungen: Tina Stefani

www.novumverlag.com

*Dieses Buch ist allen gewidmet,
die nach ihrer eigenen Wahrheit suchen und
sich auf ihre individuelle Reise zu ihrem
wahren „Selbst" begeben wollen.*

Hinweis des Verlags:
Dieses Buch soll dazu beitragen sich selbst und seine Persönlichkeit besser kennen- und verstehen zu lernen, beziehungsweise das Verständnis und seine Kenntnisse dazu zu erweitern. Es lenkt den Blick nach innen und zeigt mögliche Zusammenhänge zwischen Lebenssituationen und deren Hintergründe.
Dieses Buch ersetzt in keinster Weise den Gang zum Arzt oder Psychologen. Es trägt zur Motivation bei.

Zu diesem Buch:
An einem bestimmten Punkt im Leben beginnen viele Menschen, ihre eigene Existenz zu hinterfragen und nach einem größeren Sinn ihres Seins zu suchen.

Mit diesem Buch möchte ich über meine eigene Reise zu mir selbst erzählen. Zum einen offenbare ich meine tiefsten Gefühle und zum anderen zeige ich Möglichkeiten auf, die mir helfen, gewisse Widerstände im Alltag zu bewältigen. Außerdem biete ich Anregungen, wie es Jedem gelingt, sein Inneres näher kennenzulernen, da es mir ein Anliegen ist, dass jeder Mensch ein Leben lebt, von diesem er selbst überzeugt und glücklich ist.

Ich wünsche dir nun viel Spaß auf deiner eigenen Entdeckungstour, sodass du dich auch auf die Reise begeben kannst, um ein dir friedvolles und glückliches Leben zu kreieren.

In Liebe grüßt euch herzlich
Tina Stefani

INHALTSVERZEICHNIS

Einleitung 9
Über mich 10
Der Beginn meiner Selbstfindung 16
Als mein Körper resignierte 19
Meine ersten Erwachungsmomente 22
Eigene Entscheidungen treffen 28
Der Wiedereinstieg in die neue Arbeit 34
Die Selbsterkundung 39
Das Leben ähnelt einem Spielfeld voll Lernaufgaben 44
Veränderungsprozess 48
Geduld und Achtsamkeit 51
Entschleunigung 53
Gefühlsleben in Krisenzeiten 54
Verhalten in einer persönlichen Krise 57
Nach den eigenen Bedürfnissen leben 66
Was möchte ich und wie komme ich in
meine Umsetzung 70
Sich selbst und seine Bedürfnisse wichtig nehmen 75
Authentisch sein 77
Persönliche Werte, die mir wichtig sind 80
Danksagung 85
Hier ist Platz für deine eigenen Gedanken 88
Literatur, Sekundärquellen 92

EINLEITUNG

*„Wie komme gerade ich auf die äußerst verrückte Idee,
ein Buch zu schreiben?"*
*„Und warum sollte gerade mir so etwas gelingen? Ich
habe doch nicht einmal das Schreiben studiert!"*

Als mir der Gedanke, ein eigenes Buch zu schreiben, erstmals in den Sinn kam, stellte ich mir genau diese Fragen. Vor allem, während ich meine ersten Zeilen in den Laptop tippte. Ich hätte es nie für möglich gehalten, dass ich eines Tages ein Buch schreiben, geschweige denn, es veröffentlichen werde. Denn wer bin ich denn schon und für was halte ich mich eigentlich, um so etwas Verrücktes zu tun? Doch dann kam es doch anders als gedacht, sodass diese mir unmögliche Idee plötzlich doch zur Realität wurde.

In mir wuchs die Vision, eigene Erfahrungen aus meinem Leben mit der Welt zu teilen. Und diese Vision wurde so groß, dass du heute dieses Buch in deinen Händen hältst.

Inhalt dieser Lektüre ist eine Zusammenfassung verschiedener Lebensereignisse und Erfahrungen, die mich zu dem Menschen gemacht haben, der ich heute bin. Des Weiteren teile ich meine Erkenntnisse, Gedanken und Gefühle, die ich, unter anderem während einer langen, durch Krankheit bedingten Ausfallszeit, über mich und mein Leben gewonnen habe.

ÜBER MICH

Meine persönliche Entwicklung von der Kindheit bis ins Berufsleben und meine persönlichen Merkmale

Mein Name ist Tina und ich bin im Jahre 1990 in eine friedvolle Familie hineingeboren. Durch meine Eltern habe ich erfahren dürfen, wie es sich anfühlt, geliebt zu werden und behütet aufzuwachsen, worüber ich ihnen heute noch sehr dankbar bin.

In meinen frühen Kindheitsjahren habe ich in meiner Familie als Rolle des *Bindeglieds* und *Harmonieträger* gedient. Ich habe immer versucht, Freude und Spaß in den Alltag einzubringen. Soweit meine Erinnerungen ausreichen, versuchte ich oftmals, bei Konflikten zu vermitteln. Ich habe meine eigenen Bedürfnisse oft zurückgestellt, sodass, das dachte ich zumindest, meine Familienmitglieder zufrieden und glücklich sein konnten. Schließlich wollte ich niemandem zur Last fallen. Dadurch, dass ich meine Wünsche häufig zurückgehalten habe, fiel es mir zunehmend schwer, meine eigenen Bedürfnisse zu erkennen. Mir war immer wichtig, dass es den Menschen um mich herum gutging. Denn dann fühlte ich mich auch gut.

Im Alter von zwei Jahren sind wir von unserer Wohnung in ein großes Haus mit Garten gezogen. Auch hier habe ich wieder wahren Luxus erleben dürfen, was ich leider erst im Erwachsenenalter zu schätzen gelernt habe. Meine Eltern mussten für dieses große Wohlergehen hart und viel arbeiten und versuchten immer, dass es meiner Schwester und mir weder an Wärme noch an Zuneigung fehlte. Die Schattenseiten dieses Verhaltens waren die unzähligen Erkrankungen, unter diesen meine Eltern oft litten. Diese Krankheitsphasen dauerten häufig mehrere Monate an. Wenn mein Vater krank war, hatte meine Mutter diesen Ausfall durch doppelte Arbeit versucht auszugleichen. Wenn meine Mutter krank war, dann ebenso umgekehrt.

Ab dem Alter von drei Jahren besuchte ich einen heilpädagogischen Kindergarten in der nächstgrößeren Stadt, was für mich hieß, dass ich mit dem Bus fahren musste. Einmal hatte mich meine Mama bis zum Kindergarten begleitet, die restliche Zeit bin ich ab der Bushaltestelle allein dort hingefahren. Bis auf Kleinigkeiten kann ich mich an eine schöne Kindergartenzeit zurück erinnern. Während dieses Lebensabschnittes hatten wir über zwei Jahre ein Aupairmädchen, das meinen Eltern im Haushalt und bei der Kinderbetreuung unter die Arme griff. Auch diese Zeit empfand ich als sehr wertvolle und schöne Zeit.

Ab dem siebten Lebensjahr ging ich in meinem Wohnort zur Grundschule. Dort kam ich erstmals mit Herausforderungen in Berührung. Der Einstieg ins Schulleben war nicht sehr leicht, da ich meine Mitschüler kaum kannte. Somit musste ich erst alle Kinder kennenlernen. Freunde hatte ich immer. Jedoch fingen in meiner Grundschulzeit die ersten Hänseleien an. Mein Äußeres wurde oftmals beanstandet. Ob mein damaliges Muttermal im Auge, das ich seit meiner Geburt hatte, oder meine, im Vergleich zu anderen Mädchen meines Alters, größere Oberweite. Im Nachhinein gesehen waren diese Dinge Kleinigkeiten, doch zur Grundschulzeit und darüber hinaus haben mich diese Erfahrungen sehr geprägt, da ich zu dieser Zeit bereits die Gedanken entwickelte „nicht gut genug" oder „nicht richtig" zu sein. Was ich auch gelernt habe, ist meine Durchsetzungskraft. Meine Mutter hat mich immer dahingehend gestärkt, mich selbstständig zur Wehr zu setzen, was mir an einem Tag besser und am nächsten weniger gut gelang.

Mein Wechsel in die weiterführende Schule, ab der fünften Klasse, war wieder mit Busfahren verbunden. Für mich war dieser neue Lebensabschnitt eine Hoffnung auf eine friedvollere Zeit. Dem war leider nicht so. Durch die Pubertät änderte sich mein Aussehen weiter. Zeitweise nicht so ganz der Norm entsprechend (die Norm der Schönheit, wie sie ein jeder selbst festlegt). Jedenfalls gingen die Hänseleien im Bus weiter, sodass irgendwann, gefühlt der gesamte Bus, wiederholte Male über mich lachte. Glücklicherweise habe ich eine drei Jahre ältere Schwester, die sich für mich wehrte und an einem Tag den Anstifter dieser Aktionen vor dem gesamten Bus bloßstellte. Heute noch bin ich ihr für diesen Moment sehr dankbar. Sie hat mir viele schwierige Phasen in meinem bisherigen Leben oftmals erträglicher gemacht. Daher kann ich das Sprichwort „geteiltes Leid ist halbes Leid" dick unterstreichen.

Ein Wendepunkt in meinem Leben war ein Gespräch zwischen zwei Erwachsenen, in welchem meine Figur beanstandet wurde. Das war im Alter von zwölf Jahren. Ab diesem Zeitpunkt habe ich beschlossen, meinen Körper mehr zu achten und fing an, abzunehmen. Innerhalb von zehn Monaten schaffte ich es, meinen Körper so zu formen, dass es sich für mich gut anfühlte. Zu dieser Zeit habe ich gelernt, was Disziplin bedeutet. Diese Phase hat mir einen starken Willen verliehen. Ich habe gelernt, zu verzichten. Sogar die Hälfte von einem leckeren Eis habe ich wieder zurück in die Gefriertruhe gepackt, so stark war mein Wille, einen schlanken Körper zu bekommen. Nach dieser Lebenswende habe ich mich nicht nur innerlich mehr angenommen, ich erhielt auch im Außen mehr Bestätigung und Anerkennung, was das Sprichwort „Wie im Innen, so im Außen" bestätigt. Ab diesem Zeitpunkt nahmen auch die Hänseleien ab, unter welchen ich litt. In dieser Lebensphase entwickelte ich den Glaubenssatz „Wenn ich mich anpasse, dann habe ich meinen Frieden". Dies wurde auch weitgehend bestätigt, indem ich weniger auffiel und insgesamt weniger über mich gesprochen wurde.

Ich habe mich sehr oft für die schwächeren Kinder eingesetzt. Hier spreche ich von Kindern, die sich schwer zur Wehr setzen konnten und allgemein überfordert zu sein schienen. Mein Ziel war es, dass sich Kinder nicht schwach fühlen und sich nicht in die Enge treiben lassen. Das ist heute noch sehr wichtig für mich, da ich finde, dass jeder Mensch ein Unikat ist, das Achtung und Respekt verdient. Nur leider ist dies, gerade zur heutigen Zeit, oftmals nicht gegeben. Dieses Thema werde ich in diesem Buch noch mehr vertiefen.

Wie man sehen kann, habe ich in angepassten Verhältnissen gelebt. Ich habe darauf geachtet, jedem gerecht zu werden. Mit Konflikten konnte ich schwer umgehen, da ich sehr harmoniebedürftig war. Seit ich klein bin und mich erinnern kann, war ich schon immer sehr sensibel und feinfühlig gewesen. Wenn ich mich heute von außen betrachte, würde ich mich als hochsensibel beschreiben. Ich nehme viele Sinne verstärkt wahr und fühle mich durch sie schnell überfordert und im Nachhinein oft geschwächt, was mir meinen Alltag häufig erschwert.

Ab meiner Jugend habe ich mir erstmals meinen eigenen Freundeskreis gesucht. Zuvor hatte ich nur vereinzelt Freunde und verhielt mich eher schüchtern und zurückhaltend. Ab dem Teenageralter wünschte ich mir Bestätigung und Anerkennung von außen, da ich dachte, so an Wert zu gewinnen. Mit fünfzehn Jahren hatte ich meine erste feste Beziehung. Meine erste große Liebe ist mir im Alter von sechzehn Jahren begegnet. Diese Beziehung war sehr prägend und oft ziemlich unschön und verletzend für mich. Doch mittlerweile bin ich auch für diese Erfahrung sehr dankbar. Ich habe mich zu diesem Partner in eine Art Abhängigkeit begeben, die mich teilweise lähmen ließ. Diese Abhängigkeit hat mir viele Situationen überschattet, die eigentlich eine Trennung hervorgerufen hätten. Nur hatte ich lange Zeit viele Dinge geduldet. Beschimpfungen, Demütigungen, herablassendes Verhalten und Erniedrigungen waren ein Teil davon. Im Nachhinein betrachtet kann ich den Schmerz sehen, den mein damaliger Partner in sich trug. Mit dieser Erkenntnis konnte ich diesem Menschen meine schmerzvolle Erfahrung vergeben. Heute wünsche ich ihm von Herzen alles erdenklich Gute.

Nach dieser prägenden Partnerschaft, die mit Unterbrechungen knapp fünf Jahre hielt, hatte ich bis ins Erwachsenenalter wenige weitere einschneidende Beziehungen. Ich hatte immer den Gedanken, erst etwas wert zu sein, wenn ich von einem Partner geliebt wurde. Somit hatte ich immer mein Bestmögliches versucht, meinem Gegenüber zu gefallen. Ich habe mir beispielsweise vorschreiben lassen, was ich essen durfte, wie ich mich zu benehmen hatte und sogar, wie lange ich schlafen durfte. Ich hatte mich immer sehr stark angepasst.

Meine Ausbildung zur Gesundheits- und Kinderkrankenpflegerin begann ich mit siebzehn Jahren. In dieser Zeit entwickelte ich mich sehr. Ich hatte zum ersten Mal das Gefühl, mein Leben selbst kreieren und lenken zu können. Obwohl diese Ausbildung sowohl körperlich als auch mental und emotional nicht leicht war, habe ich sie, unter anderem durch den starken Zusammenhalt meiner Ausbildungskolleginnen, erfolgreich gemeistert. Ich durchlebte sehr viele Höhen und Tiefen, was mich gelehrt hat, über meine Grenzen hinauszuwachsen.

Nach meiner Berufsausbildung zog ich zeitnah aus, um auf eigenen Beinen stehen zu lernen. Mein Wunsch war es, mich selbst kennenzulernen und mich entfalten zu können. Dies fiel mir sehr schwer und ist heute noch eine meiner großen Herausforderungen im Leben, welchen ich mich tagtäglich stelle.

Nachdem ich meine Ausbildung abgeschlossen hatte, war ich als examinierte Gesundheits- und Kinderkrankenpflegerin tätig und arbeitete in einer Pädiatrie für Kinder und Jugendliche. Nach drei Jahren wechselte ich in den Pflege- und Erziehungsdienst in eine Kinder- und Jugendpsychiatrie (KJPP), was mit großer Angst verbunden war, da es für mich wieder eine Veränderung bedeutete. Und mit Veränderungen hatte ich oft meine Probleme, weil ich immer Angst hatte, ich könnte etwas falsch machen und man könnte mit mir unzufrieden sein.

Auf den beiden Stationen lernte ich sehr viel über mich und die Menschen um mich herum sowie über Gesundheit und Krankheit kennen. Außerdem hat mich diese Zeit gelehrt, dass Gesundheit nicht nur die Abwesenheit von Krankheit ist, sondern Gesundheit viel mehr beinhalten muss. Zufriedenheit, Selbstliebe, Selbstachtung, Ruhe und Entspannung, Bewegung, gesunde Ernährung, Freundlichkeit sich selbst und anderen gegenüber.

Das sind einige Beispiele hierfür. Diese Erkenntnis war mein Anstoß, Hintergründe von Krankheiten intensiver unter die Lupe zu nehmen. Somit konnte ich auch viele neue Dinge über mich erfahren und kennenlernen.

DER BEGINN MEINER SELBSTFINDUNG

*Als ich begann, mir einzugestehen,
dass ich Hilfe benötige*

Im Jahr 2014, fing ich an, mir intensiv Gedanken über mein Leben zu machen. Ob mein Alltag, meine Arbeit und alles, was ich mir bisher erschaffen habe, einen Sinn ergab. Beruflich war ich, zu dieser Zeit in der Kinder- und Jugendpsychiatrie, sehr zufrieden. Meine Tätigkeit hat mir viel Freude bereitet und mich erfüllt. Doch kreisten meine Gedanken oft um das Thema, wie es nun weitergehen möge. Die ersten Freundinnen in meinem Alter heirateten und bekamen Kinder. Ich hingegen war in einer Beziehung, die mich nicht wirklich erfüllte. Ich fühlte mich zunehmend leer und wie von einer Hülle umgeben, die irgendwie noch zu funktionieren versuchte. Als sich zusätzlich noch ein großer Konflikt mit meiner Schwester einschlich, der mir unüberwindbar erschien und mich zusätzlich in meiner Funktion einschränkte, suchte ich mir schließlich professionelle Hilfe bei einer Heilerin.
    Ab diesem Zeitpunkt änderte sich sehr viel in meinem Leben.

Und irgendwann sah ich die Welt aus anderen Augen

Bevor ich mir Hilfe suchte, habe ich mich in meinem Körper und Gedanken gefangen gefühlt. Bildlich gesehen war es, als ob ich an eine Mauer fuhr und diese nicht zu überqueren schaffte.
    Dass ich während dieser Zeit in einer unglücklichen Beziehung war, hatte ich geahnt, dies aber nicht wahrgenommen oder wahrhaben wollen. Vielleicht wegen des großen, ausweglosen Konfliktes mit meiner Schwester, der meine ganze Kraft und Energie beanspruchte. Doch innerlich habe ich bereits während dieser Partnerschaft immer wieder gefühlt, dass sie mich nicht glücklich stimmt und diese auch nicht auf meinen Werten, zum

Beispiel der Kommunikation, beruht. Ich hatte jedoch immer die Hoffnung, alles könnte noch werden, da jeder eine Chance verdient hat.

Eines Tages, wie bereits erwähnt, ging ich zu einer Heilerin, Sabine Breiler (Dipl.-Betriebswirtin (FH) und Heilpraktikerin für Psychotherapie (HPG); https://sabine-breiler.de), der mein Dank gebührt, dass ich sie in meinem Buch erwähnen darf.

Während meiner Einzelstunde bei ihr wurde ich unter anderem auf die oben beschriebene Beziehung angesprochen. Dies konnte ich überhaupt nicht verstehen, da ich doch schließlich aufgrund meines Konfliktes mit meiner Schwester zu ihr gekommen war. Für mich hat der Streit in Zusammenhang mit meiner Beziehung einfach keinen Sinn ergeben. Somit geriet ich ins Stocken, verschönte viele Dinge und belog mich dabei selbst. Da ich keinen näheren Handlungsbedarf zu diesem Thema sehen konnte, gingen wir nicht näher darauf ein und behandelten meine zahlreichen anderen Themen. Im Nachhinein wurde mir erst klar und bewusst, dass diese frühere Beziehung mich nicht erfüllte. Da Sabine dies natürlich gesehen hat, sprach sie mich während unserer Heilsitzung wiederholt darauf an. Als ich zu Hause war, bemerkte ich, dass ich handeln musste, um meinem Glück nicht weiter im Wege zu stehen. Und zu diesem Glück war eine Trennung unumgänglich. Somit hatte ich, dank der Erleuchtung bei Sabine, den Mut gefasst, mich endgültig aus dieser unglücklichen Beziehung zu lösen.

Wenige Tage später war es dann so weit und ich beendete die damalige Beziehung. Daraufhin geriet meine Gefühlswelt völlig durcheinander. Ich hatte keine Kontrolle mehr über meine Emotionen, war verwirrt und fühlte mich innerlich total leer. Außerdem empfand ich mich als völlig gefühlskalt, da ich urplötzlich kein Mitleid mit anderen Menschen mehr empfand. Bis ich merkte, dass sich mein Gefühl des Mitleids zu einem Mitgefühl zu den Menschen veränderte. Es dauerte mehrere Monate an, bis ich wieder in eine innere Balance und Ausgeglichenheit gelangte.

Mein Blick wurde immer klarer.

Außerdem lösten sich nach und nach manch bestehende Freundschaften auf, die Beziehung zu meiner Schwester wurde stetig besser. Des Weiteren lernte ich immer mehr über mich selbst und mein tiefstes Inneres kennen. Und das war für mich das größte Geschenk. Denn da ich die Welt aus einem anderen Blick sehen konnte, wurde mir so vieles klar. Darüber erzähle ich ausgiebig in diesem Buch. Diesen Moment, die Welt mit anderen Augen zu sehen, wünsche ich jedem Menschen. So wünsche ich dies auch dir von ganzem Herzen!

Durch meinen Besuch bei Sabine habe ich nicht nur gelernt, meinen Blick auf meinen Körper und Gefühle zu richten. Durch Sabine, als einer meiner tollen Lehrer, habe ich auch gelernt, dass der Weg das Ziel ist und Durchhalten immer belohnt wird. Das Leben spielt immer für uns. Hierbei ist es wichtig, dass man darauf achtet, auf welchem *Spielfeld* (in welcher Lebensphase) man sich befindet und gegebenenfalls die *Spielfiguren* (Situationen und Lebensbereiche) neu ausrichtet.

Auch wenn sich mein Weg, nach meinem Besuch bei Sabine, nicht immer glatt und eben angefühlt hat, hat es sich letzten Endes in jedem Fall gelohnt, jedes einzelne Hindernis zu überqueren und meinen eigenen Weg zu gehen. Denn sonst würde ich niemals dort sein, wo ich hier und heute stehe. Die vielen Veränderungen haben mich so weit inspiriert, dass ich mich, unter anderem bei Sabine, in freier Heil- und Transformationsarbeit ausbilden ließ. Dafür auch nochmal mein größter Dank und Anerkennung!

Falls du jetzt immer noch mein Buch in deinen Händen hältst und wissen möchtest, wie sich mein Blick auf die Dinge veränderte, dann wünsche ich dir nun viel Spaß auf deiner eigenen Entdeckungsreise. Denn ich kann mir vorstellen, dass sich ab jetzt auch deine Sichtweisen auf alltägliche Dinge verändern werden.

ALS MEIN KÖRPER RESIGNIERTE

Erstens kommt es anders, zweitens als man denkt.

Nach der Heilarbeit bei Sabine, in der zahlreiche innere Widerstände und ihre Zusammenhänge gelöst werden konnten, ging ich meinem Alltag wie gewohnt nach.

Neben meinem Schicht- und Wochenenddienst betreute ich einen kleinen Jungen mit geistigen und körperlichen Einschränkungen. Des Weiteren begann ich eine Weiterbildung zur Praxisanleitung über ein halbes Jahr, die blockweise stattfand, und lernte dazwischen meinen heutigen Mann kennen. Da ich vor der Bekanntschaft mit ihm schon kaum Zeit für mich hatte und körperlich bereits ziemlich angeschlagen war, fühlte ich mich mit dieser zusätzlichen Beziehung total überlastet. Deshalb entschloss ich mich, meinen Nebenjob aufzugeben. Mein Partner bemerkte meine Überarbeitung ziemlich schnell und sorgte sich sehr um meine Gesundheit, da ich die Nächte kaum noch schlafen konnte. Er schlug mir vor, meine Arbeitszeit zu reduzieren. Niemals hätte ich dies in Erwägung gezogen und wäre von selbst auch nie daraufgekommen. Schließlich hatte ich eine Wohnung abzubezahlen und musste eine gewisse Höhe an Geld verdienen. Außerdem war es auch nicht üblich, als junge, kinderlose Frau Teilzeit zu arbeiten. Doch mein Mann sprach mir immer wieder Mut zu, sodass ich mich, dank seiner Unterstützung, traute, meine Arbeitszeit zu reduzieren. Es fühlte sich für mich nicht leicht an. Denn als ich meine Stationsleitung über mein Vorhaben einweihte, war diese sehr verblüfft. Für mich nachvollziehbar. Schließlich leistete ich immer sehr gute Arbeit und war somit eine große Unterstützung für das gesamte Team. Außerdem waren die Arbeitsbedingungen, zu diesem Zeitpunkt, für die Station sehr belastend, sodass jede einzelne Arbeitskraft mehr denn je gebraucht wurde. Nichtsdestotrotz hielt ich an dem Entschluss fest und reduzierte meine Arbeitszeit. Das Gefühl, nicht mehr so viel leisten zu müssen, war anfangs sehr angenehm. Doch dann kam es doch anders als erwartet. Fast zeitgleich erhielt ich eine Anfrage, ob ich über „Pflege bei psychiatrischen Erkrankungen" an der Berufsschule für Gesundheits- und Kinderkrankenpflege unterrichten möchte. Nach dieser Anfrage machte sich eine große Angst breit. „Ich und vor einer Gruppe von Menschen sprechen und mich einer solch großen Herausforderung stellen – das schaffe ich doch nie", dachte ich. Dann jedoch rief eine andere Stimme: „Na komm schon, so eine Chance bekommst du nie wieder!" Diese Gedanken füllten meinen Kopf eine ganze Weile und ich wusste nicht, was ich tun sollte. Letztlich beschloss ich, auf meine zweite Stimme zu hören und entschied mich für dieses Angebot.

Neben meiner Arbeit auf Station, die mir allein schon anstrengend genug war, erarbeitete ich mir nebenher, innerhalb weniger Monate, meinen Unterrichtsstoff. Als es dann so weit war, nahm ich all meinen Mut zusammen und überbrachte dem Ausbildungskurs mein erarbeitetes Wissen. Ich dachte, ich würde tausend Tode sterben, deshalb kann ich jetzt jeden Menschen verstehen, der sagt: „Lieber sterbe ich, als dass ich vor einer Menschengruppe spreche!" Denn ich kann mich nicht erinnern, jemals im Leben so aufgeregt gewesen zu sein wie in diesen Momenten. Meine innere Haltung bebte vor Aufregung und es fiel mir unglaublich schwer, Ruhe zu bewahren, sodass ich meine Themen gut vermitteln konnte. In diesen Stunden habe ich mich meinen größten Ängsten gestellt und bin weit über meine Grenzen hinausgewachsen. Nachdem ich diesen Unterricht erfolgreich meisterte, bekam ich eine weitere Anfrage, ob ich den nächsten Kurs, einige Monate später, nochmal unterrichten würde. Also machte ich mich wieder ans Werk, erarbeitetes Material zu optimieren und überbrachte meinen Unterrichtsstoff ein zweites Mal.

Meine Körpersignale wurden immer stärker.

Die Stationsarbeit wurde immer anstrengender für mich. Die Patientenzahlen stiegen, während die Anzahl an Pflegekräften sank. Und die Patienten wurden immer pflege- und betreuungsintensiver.

Da ich die ersten körperlichen Signale, wie allgemeine körperliche Schwäche oder Schwindelanfälle, nicht wahrnahm, wurden meine Symptome immer deutlicher.

- Extremer Schlafmangel bis Schlaflosigkeit (meist 0–3 Stunden Schlaf die Nacht)
- Hauterscheinungen (Herpes, akute Hautausschläge an den Händen und zeitweise Hautrötungen mit Schwellungen im Gesicht)
- Tinnitus, Muskel- und Augenzucken, Taubheitsgefühle im Bein
- Stimmungsschwankungen, mit großer Gereiztheit
- immer schlimmer werdende Gedanken, lebensmüde Gedanken, die sich nicht mehr wegschieben ließen

Mein Körper zwang mich also in die Knie. Neben meiner Arbeit brachte ich mit meinen letzten Kräften meine zweite Unterrichtseinheit, wieder über achtzehn Unterrichtsstunden, zu Ende. Nach Auswertung der Schulaufgaben, mit letzter Mühe, meldete ich mich krank.

Das erste Mal im Leben war ich, durch meinen überlasteten Körper, für längere Zeit gezwungen, mich auszuruhen. Ein komisches Gefühl, das ich so noch nicht kannte. Es war neu für mich und fühlte sich oftmals seltsam an. Während dieser langen Ausfallszeit fing ich irgendwann an, mir Gedanken über mein Leben zu machen und schrieb diese fast täglich in mein Tagebuch. Ich notierte all meine Gedanken, Ideen, Vorstellungen, Wünsche, Träume, Inspirationen und Visionen. So studierte ich sozusagen mein bisher gelebtes Leben und entwickelte liebevolle, von Herzen kommende Vorstellungen auf mein weiteres Leben, was ich nun mit euch teilen möchte.

MEINE ERSTEN ERWACHUNGSMOMENTE

Meine ersten „Aha-Erlebnisse"

Als mich mein Körper, durch die zahlreichen physiologischen Erscheinungen aufforderte, Veränderungen in meinem Leben vorzunehmen, war ich anfangs am Boden zerstört. Ich wusste weder ein noch aus, noch, was mit mir geschah. Ich hatte plötzlich keine Kraft mehr, meine Alltagsaufgaben zu meistern, musste Hilfe von außen annehmen und war meinem Körper gefühlt hilflos ausgeliefert. Bereits das Zähneputzen am Morgen und die tägliche Körperpflege fühlten sich total anstrengend an, geschweige denn die zahlreichen Erledigungen bezüglich des Haushaltes. Glücklicherweise hatte ich meinen lieben Mann an meiner Seite, der mich unterstützte, wo Hilfe nur nötig war. Ich bin ihm heute noch unendlich dankbar, dass er mir immer noch zur Seite steht. Denn ich bin mir ziemlich sicher, dass viele Menschen solch einer Beziehungsphase nicht Stand gehalten hätten (was ich übrigens sehr gut nachvollziehen kann).

Monatelang habe ich sehr viel geschlafen, da ich so müde war. Dies war keine Müdigkeit, wie ich sie kenne, bevor ich schlafen gehe. Diese Müdigkeit war mit starker Erschöpfung, Verzweiflung, Hilflosigkeit und großer inneren Leere verbunden, was sich wie ein schwerer Schleier um meinen Körper und Geist gelegt hat. Ich machte mir ständig Gedanken wie: „Ich kann doch nicht einfach von der Arbeit zu Hause bleiben und die anderen im Stich lassen. Ich muss doch funktionieren, um weiter Geld zu verdienen. So ernsthaft krank bin ich doch nicht, um zu Hause bleiben zu dürfen." Da ich mich selbst verachtete, dachte ich auch: „Was hat mein Leben jetzt noch für einen Sinn? Es wären doch alle besser dran, wenn ich nicht so jammern würde, schließlich müssen sie mich ertragen." Je mehr ich über diese Gedanken grübelte, desto stärker und lauter wurden diese inneren Stimmen sowie meine körperlichen Symptome. Es war wie ein Teufelskreis, der sich wie eine Spirale immer tiefer in diese Gedanken bohrte. Irgendwann wusste ich: So konnte es nicht weiter gehen, da es so nicht besser werden würde. Also begann ich meine Situation mehr unter die Lupe zu nehmen. Ich las sehr viele Bücher, hörte zahlreiche Podcasts und guckte gewählte Filme im Fernsehen (viele Quellen dazu liste ich am Ende dieses Buches auf). Egal, was ich mir zur Hand nahm, ich hatte meist das Gefühl, mich in vielen Dingen wiederzuerkennen. Oft konnte ich Zusammenhänge zu meinem eigenen Leben sehen und tolle Pointen erkennen, die mich aufmunterten und zum Umdenken brachten.

Eines meiner ersten gelesenen Bücher in dieser Zeit war „Das Café am Rande der Welt" von John Strelecky. In diesem Buch wird auf schöne Art und Weise über den Sinn des Lebens erzählt und der eigene Zweck der Existenz, kurz ZDE[1], hinterfragt, und das zusammengefasst innerhalb von drei persönlichen Fragen:

1. Warum bin ich hier?
2. Hast du Angst vor dem Tod?
3. Führst du ein erfülltes Leben?

Nachdem ich für mich diese drei Fragen beantwortete, kamen mir schon die nächsten in den Sinn:

Wer bin ich eigentlich wirklich?
Was macht mich aus?
Welche Stärken besitze ich?
Was möchte ich?
Welche Tätigkeiten erfüllen mich?
Was mache ich gerne?
Bin ich zufrieden mit meinem bisherigen „Ich"?
Wo möchte ich etwas ändern?

---

[1] Strelecky, John: Das Café am Rande der Welt. München: dtv, 2007, Seite 24, Seite 49–51

Welche Dinge möchte ich beibehalten und verstärken bzw. ausweiten?
Fühle ich mich ausgeglichen? Wenn nein, was brauche ich zu diesem Gefühl?
Bin ich wirklich der Mensch, wofür mich alle halten?
Welche Menschen tun mir überhaupt noch gut?

Auf meine Antwort auf die letzte Frage „Welche Menschen tun mir überhaupt noch gut?" möchte ich nun näher eingehen.

Meine Bedeutung einer guten Gesellschaft:

Ich liebe es, mich tiefgründig mit den Menschen zu unterhalten und mich mit ihnen über die Vorstellungen des Lebens auszutauschen. Ich mag es, wenn Menschen andere Menschen akzeptieren, wie sie sind, und unterschiedliche Meinungen angenommen werden. Menschen, die selbst „sind" und andere Menschen „sein lassen" können.

Menschen, die offen über sich sprechen können, und sich zusätzlich für ihre Mitmenschen interessieren. Ehrliches Interesse und Authentizität schätze ich dabei sehr.

Außerdem bewundere ich Menschen, die in schwierigen Situationen den Blick auf das Positive und Wesentliche nicht verlieren und gewillt sind, Veränderungen in ihrem Leben vorzunehmen. Menschen, die gewisse Ziele vor Augen haben, die sie verwirklichen wollen. Und die das Glück anderer teilen und sich wahrhaft mit ihnen freuen können.

Das macht in meinen Augen eine gute Gesellschaft aus. Solche Menschen inspirieren mich sehr und in ihrer Nähe halte ich mich gerne auf. Durch diese wertvollen Menschen lade ich meinen Energietank auf und in solchen Gesellschaften wachse und entwickle ich mich, sodass ich für andere Menschen wiederum da sein und ihnen dienen kann.

Durch diese Antwort habe ich die Einsicht bekommen, dass ich selbst lange Zeit *nicht* nach diesen Wertevorstellungen gelebt habe. Ich sprach teilweise schlecht über andere Menschen, konnte viele Ansichten und Verhaltensweisen nicht verstehen und urteilte sogar darüber. Selbst fühlte ich mich jedoch auch oft von Menschen persönlich angegriffen, wenn sie anderer Meinung waren als ich. In solchen Situationen war ich oft verärgert und vergriff mich häufig im Ton. Warum aber reden viele Menschen oft schlecht über andere? Ich denke, weil wir allgemein dazu neigen, zu viel über andere nachzudenken. Wohl aus dem Grund, weil wir uns mit ihnen messen. Dies passiert sehr schnell und teilweise ohne dass wir es bemerken. Und das ist auch kein Wunder. Denn wir wachsen auch dementsprechend auf. Zum Beispiel in der Schule: Wenn der Sitznachbar eine bessere Note erhalten hat als man selbst, dann stellt sich automatisch das Gefühl der Missgunst oder des Neids ein. Das Kind mit der schlechteren Note fühlt sich nicht gut genug, ist verärgert und denkt vielleicht sogar, versagt zu haben. Ich sehe solch einen Gefühlsausbruch als Reaktion auf den Leistungsmaßstab, dem wir ausgesetzt sind.

Jedenfalls strafen wir uns mit solchen Verhaltensweisen nur selbst, weil wir so viele Nerven und Zeit für etwas verschwenden, was es nicht wert ist, überhaupt gedacht zu werden. Und dieses Beispiel spiegelt sich im Erwachsenenleben in vielen Situationen wider. Denn sobald ein negativer Gedanke über eine andere Person aufkommt, befinden wir uns in einer bewertenden Position. Und Bewertungen können wir nur stellen, wenn wir einen Vergleich haben. Somit messen wir uns an Personen.

Zur eigenen inneren Wahrheit finden

Meine Gedanken dazu, was für mich eine gute Gesellschaft ausmacht, waren eine tolle Erkenntnis. Ich lernte mich meinen Mitmenschen gegenüber immer mehr zu öffnen, gestand meine Gefühle und sprach über Gedanken, die mich beschäftigten. Ich stellte Fragen, die ich mir selbst stellte, und hörte aufmerksam zu, was mir rückgemeldet wurde. So konnte ich viel lernen. Es gab auch Menschen in meinem Umfeld, die ich mit all meinen Fragen überrumpelte, doch ich konnte einfach nicht aufhören, darüber zu sprechen, da ich unbedingt Antworten für mich finden wollte. Irgendwann bemerkte ich, dass ich wohl lange im

Außen suchen könne, denn die Wahrheit müsse in meinem Inneren liegen. Also suchte ich dort weiter. Ich suchte und suchte, bis ich zu meinen Antworten kam. Durch zahlreiche Meditationen und Traumreisen konnte ich zu diesen gelangen. Denn so lernte ich mich immer besser kennen. Ich merkte, dass ich innerlich immer ruhiger, friedlicher und zufriedener wurde.

Im Außen lösten sich von Zeit zu Zeit bestehende Kontakte auf. Manche Menschen sah oder hörte ich von heute auf morgen nicht mehr. Manche Freundschaften lösten sich nach ehrlicher Aussprache auf. Ich fühlte, dass das okay war. Auch wenn es mich anfangs traurig stimmte, fühlte es sich später für mich richtig an. Denn es kamen neue Bekanntschaften und Freundschaften dazu. Im Nachhinein gesehen war das zum Teil auch total verrückt. Plötzlich erhielt ich nämlich Nachrichten über Instagram von Unbekannten aus der Schweiz und Österreich. Mich schrieben immer wieder mir fremde Personen einfach so an. Diese Erfahrung zeigte mir, dass, wenn etwas vorbei geht, was Neues im Leben kommen kann. Im Leben ändern sich die Freundschaften und Lebensweisen von klein auf. Wir haben wohl mit der Zeit verlernt, Veränderungen in unserem Leben anzunehmen. Alle Dinge nehmen ihren Lauf. Dieser Vorgang ist unaufhaltbar und das lehrt uns schon unser gesamtes Leben. Wir gehen in den Kindergarten, werden eingeschult, machen danach Ausbildungen oder studieren, bekommen Kinder, bauen Häuser usw. Das Leben heißt Wandel. Dies beschreibt auch das uralte Sprichwort von Albert Einstein: „Die Definition von Wahnsinn ist, immer wieder das Gleiche zu tun und andere Ergebnisse zu erwarten." Wenn wir Lebensbereiche verändern wollen, dann ist es unabdingbar, auch etwas dafür zu tun, bzw. anzunehmen, wenn sich das ein oder andere im Alltag ändert.

Auch ich habe gelernt, die Dinge zu akzeptieren, wie sie sind und wie sie kommen. Dabei nahm ich Veränderungen dankend an und versuchte, nicht mehr dagegen anzukämpfen. Ich spürte dabei eine zunehmende Leichtigkeit, die sich in meinem Körper breit machte. Dieses Gefühl der Leichtigkeit war wunderbar, sodass sich von Zeit zu Zeit auch eine innere Zufriedenheit einstellte. Aus diesen Gründen kam ich zum Entschluss, dass der richtige Weg wohl immer der Weg der Leichtigkeit sein muss. Auch wenn sich der Weg dorthin meist erst mal steinig und schwer anfühlt. Dazu eine wunderbare Erläuterung, die ich aus meiner Greator-Ausbildung gewonnen habe *(Abbildung 1. Referenzrahmen © Greator)* In dieser Abbildung wird beschrieben, dass sich jeder Mensch in seinem gewohnten Alltag in einer gewissen Komfortzone befindet. Dort bewegen wir uns gerne und auch unbewusst, da wir wissen, dass wir in dieser Zone sicher sind und uns dort kaum etwas passieren kann. Kommt nun eine neue Idee auf und somit ein kleiner Gedanke für eine Veränderung, dann hüpfen wir aus der Komfortzone heraus, in die Angstzone. Deshalb ist Veränderung anfangs so schwer, da wir bei Veränderungen zuerst Angst verspüren und dies gehört zu unserem Entwicklungsweg dazu. Wenn wir durch die Angstzone hindurchgehen und die ersten Wege zur Veränderung einleiten, so begeben wir uns in die nächste Zone, die Macherzone. Und wenn die ersten Schritte hinter uns liegen, so kann sich eine Veränderung einstellen. Somit ist der Weg zur Veränderung wie folgt aufgeteilt: Komfortzone-Angstzone-Macherzone-Veränderung.

EIGENE ENTSCHEIDUNGEN TREFFEN

Neben der Angst verbirgt sich der Mut.

Mir fiel es meist sehr schwer, eigene Entscheidungen zu treffen. Noch schwerer war, hinter diesen auch zu stehen und die Konsequenzen derer zu tragen. Dabei spreche ich nicht von Entscheidungen wie „Was esse ich heute Abend?" oder „Gehe ich heute noch joggen?" Nein. Ich denke an die größeren Entscheidungsfragen wie zum Beispiel: „Kaufe ich mir ein Haus oder Grundstück? Trenne ich mich von meinem Partner? Sage ich einer mir wichtigen Person meine wirklich ehrliche Meinung, obwohl diese nicht nett ist? Kündige ich meinen Job? Gestehe ich mir ein, dass ich nicht mehr kann und körperlich am Ende bin?"

Solche Entscheidungen trifft man in der Regel bedachter. Aber wieso fällt es uns so schwer und warum entscheiden wir oftmals erst so spät, manchmal sogar zu spät?

Ich glaube, weil jede Entscheidung mit Veränderungen zusammenhängt. Und diese sind, wie im letzten Kapitel beschrieben, mit Angst verbunden. Vor der Angst fürchtet sich der Mensch. Kann man auch verstehen, denn Angst ist schließlich auch kein angenehmes Gefühl.

Eine sehr gute Freundin hat mir einmal gesagt: „Einen kleinen Schritt neben der Angst verbirgt sich der Mut, und Mut ist viel mächtiger." Mit diesen Worten hat sie Recht. Denn Mut macht uns größer, lässt uns über uns hinauswachsen und viel stärker werden. Viel stärker als wir denken, denn sie lässt uns persönliche Grenzen durchbrechen. Die Bestätigung des Sprichwortes habe ich zum Beispiel nach meinem Unterricht an der Berufsschule erhalten. Ich hätte es mir im Traum nicht ausmalen können, vor einer Gruppe von Menschen zu sprechen, und trotz größter Ängste habe ich es getan. Oder auch dieses Buch. Wenn ich an meinen Ängsten festgehalten hätte, dann wäre dieses Buch niemals entstanden. Denn auch hier musste ich sehr viel

Mut aufbringen, mir überhaupt Dinge einzugestehen und gewisse Themen zu überdenken, die sich mitunter unbequem anfühlten. Der größte Mut jedoch war, meine Gedanken und Innenwelt auch mit der Welt zu teilen. Und doch habe ich meine Angst überwunden. An diesen beiden Erfahrungen bin ich letzten Endes sehr gewachsen. Somit kann ich jedem empfehlen: Finde deine größte Angst, denn hinter dieser verbirgt sich oft dein größtes Potenzial.

Wie gesagt fiel es mir häufig schwer, eigene Entscheidungen zu treffen. Aus der Angst heraus, ich könnte andere enttäuschen. In meinem bisherigen Leben habe ich versucht, die Erwartungen anderer bestmöglich zu erfüllen. Ich hatte mir kaum Gedanken über meine eigenen Bedürfnisse gemacht. Ich wusste zeitweise weder, was mir Spaß und Freude bereitet, noch, was mich erfüllt und mein Herz höherschlagen lässt. Somit hatte ich oft Schwierigkeiten, eigene Entscheidungen zu fällen. Mir war es bisher immer lieber, wenn mir diese vorgesetzt oder auferlegt wurden. Denn so verzweifelte ich nicht an den vielen Gedanken, die verschiedene Möglichkeiten hätten abwägen müssen. Und das Risiko, andere zu enttäuschen, war somit, meines Erachtens, auch geringer.

Die Gedanken lenken unser Handeln.

Als ich mich mit der Sinnfrage beschäftigte, setzte ich mich zunehmend intensiver mit meinem Innenleben auseinander. Ich untersuchte die Frage „Wer bin ich?" bis ins Detail. Eine Antwort darauf war für mich gar nicht so leicht zu finden. Denn ich musste gegenüber mir selbst sehr ehrlich sein. So ehrlich wie nie zuvor. Diese Ehrlichkeit schmerzte teilweise sehr. Denn ich merkte, dass mich manche Dinge im Leben nicht mehr glücklich machten, die mich zuvor noch erfüllten.

Dank dieser Ehrlichkeit lernte ich meine Bedürfnisse und Herzenswünsche immer mehr kennen. Und weil ich endlich in Liebe zu mir selbst und mit mehr Leichtigkeit leben wollte, richtete ich, trotz innerer Widerstände, zunehmend mehr Bereiche in meinem Leben neu aus. Bereits der Gedanke an eine Veränderung überforderte mich. Denn ich wusste, dass es mir viel an Geduld, Disziplin, Selbstvertrauen und Selbstbewusstsein abverlangte. Meine größte Herausforderung sah ich darin, meinen Beruf zu kündigen und mich in eine neue Arbeitswelt zu wagen. In eine Arbeitswelt, die mir völlig neu war. Außerdem wusste ich zu diesem Zeitpunkt noch nicht genau, welche Arbeit ich ausüben werde. Des Weiteren machte ich mir Gedanken, wie ich meine neue Lebensphilosophie und Werte in den Alltag integrieren könnte.

Das Wissen, dass ich jederzeit Entscheidungen revidieren und verändern kann, hat mir geholfen, verschiedene Vorstellungen und Ideen zu finden, die ich ausprobieren wollte. Des Weiteren hat mir der Glaube an mich und das große Vertrauen, dass mein Weg gut werden wird, motiviert, meinen neuen Weg auch zu gehen. Eine weitere Hilfe, die mich unterstützte, waren die vielen wertvollen Gespräche, die ich mit unterschiedlichen Menschen führte. Denn diese Unterhaltungen stärkten mich immer wieder sehr, weiterzumachen und meine Ideen auch umzusetzen.

Mein Mann und ich sagen immer „Im Zweifel einfach machen", und dies versuchte ich zunehmend mehr zu beherzigen. Es fiel mir nicht immer leicht, meine neuen Ideen umzusetzen, da der innere Zweifler in meinem Kopf häufig das Zepter in der Hand hielt und mir immer wieder ins Gewissen rief: „Wer glaubst du eigentlich, wer du bist?", „Das schaffst du doch eh nie!", „Bleib doch da, wo du warst, da warst du gut aufgehoben!" oder „Am Ende scheiterst du eh!" Diese oder ähnliche inneren Stimmen kennen wir wahrscheinlich alle. Wohl aus dem Grund heraus, weil der größte Feind und Kritiker eines Menschen er selbst ist. Deshalb hören wir wahrscheinlich auch diese Gedanken. So kam es wiederholt vor, dass ich etwas begann und im nächsten Moment wieder versuchte, zu „stornieren". Beispielsweise die Greator-Coach-Ausbildung. Ich wollte sie so sehr, und als ich merkte, dass ich schnell an meine Substanzen kam, versuchte ich, die Ausbildungszeit zu verkürzen. Dies konnte ich glücklicherweise nicht. So konnte ich in meiner eigenen Geschwindigkeit immer mehr über mich und mein Innenleben herausfinden – und mich verändern. So auch bei diesem Buch. Im ersten Moment war ich sehr euphorisch, dann unterschrieb ich den Vertrag mit dem Buchverlag. Und als ich merkte, welch großen Schritt dies für mich bedeutet, mich der Welt komplett zu öffnen, wollte ich auch dieses Vorhaben wieder gegen die Wand fahren. Im Nachhinein gesehen bin ich sehr dankbar und froh, meinem Mut gefolgt zu haben. Denn so ist es mir möglich, dass der ein oder andere Leser eine kleine Erkenntnis für sich gewinnt.

Wenn bei mir heute Zweifel und Unsicherheiten aufkommen, was natürlich immer wieder der Fall ist, dann konzentriere ich mich auf meine eigenen Wahrheiten. Meinungen anderer lasse ich bei meiner Entscheidungsfindung miteinfließen, aber die wichtigen Entscheidungen, die mein Leben betreffen, liegen heute fast nur noch bei mir allein. Zusammen mit meinem Mann tüfteln wir immer wieder an gemeinsamen Lebensentwürfen.

Getroffene Entscheidungen können äußerlich, also aktiv (durch *Taten*) oder innerlich, also passiv (durch *Gedanken*) getroffen werden, bzw. fließt das eine mit dem anderen zusammen.
    Denn aus eigener Erfahrung und aus meiner Sicht werden Gedanken zu Gefühlen. Aus Gefühlen werden Handlungen. Diese Handlungen werden zu Gewohnheiten. Und die wiederum werden zu einer neuen Routine. Diese neue Routine lässt in uns neue Glaubensmuster entstehen, was wiederum zu neuen Gedanken führt. Dann beginnt dieser Kreislauf wieder von vorn.

In einer kleinen Skizze könnte dieser Kreislauf wie folgt aussehen:

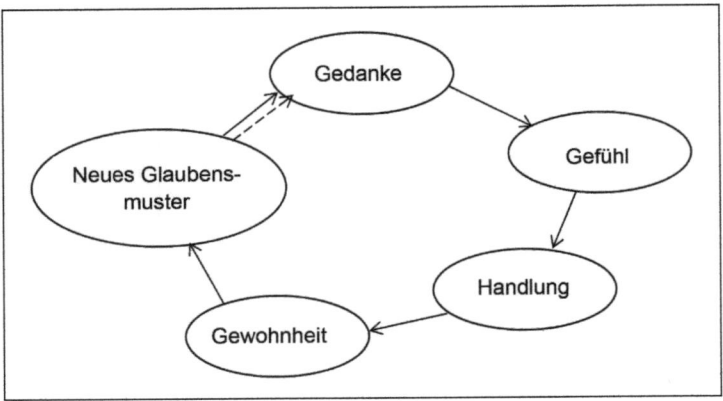

Ergebnisse von Entscheidungen können unterschiedlich ausfallen:

+ wenn eine Entscheidung *nicht wunschgemäß* verlaufen ist: Gewinn an **Erfahrung** (Hier scheitern wir, nachdem wir etwas ausprobieren)

oder

+ wenn eine Entscheidung *wunschgemäß* verlaufen ist: eine **Bereicherung** (wenn eine Idee bei der Umsetzung funktioniert)

Beides ist wichtig für die persönliche Entwicklung und somit für die Selbstfindung.

Als ich diese neuen Erkenntnisse gewonnen habe, fiel es mir zunehmend leichter, eigene Entscheidungen zu treffen. Anfangs war es für mich noch schwer, Meinungen anderer neutral zu sehen, da ich sie teilweise als Bevormundung wahrnahm oder mich abgelehnt fühlte, wenn jemand meine Entscheidung nicht nachvollziehen konnte. Heute finde ich es spannend und interessant, wie andere Menschen ihre Welt sehen. Ich übe mich darin, alle Entscheidungen und Meinungen der Menschen zu akzeptieren und zu respektieren, ohne diese zu bewerten oder zu verurteilen. Denn es ist ihre Sicht auf die Dinge und nicht meine. Alle Menschen haben eine unterschiedliche Weltanschauung, somit sehen alle ihre eigene Wahrheit und das macht uns Menschen aus.

Jedenfalls habe ich nach langer Überlegung, wie es für mich beruflich weitergehen soll, meine Entscheidung getroffen. Ich wollte keinen Schichtdienst mehr machen. Wenige Tage später, nachdem ich mich entschied, meine Stelle zu wechseln, bekam ich das Angebot zur zentralen Praxisanleitung.

DER WIEDEREINSTIEG IN DIE NEUE ARBEIT

Nicht zu erklärende Phänomene

Nach insgesamt acht Monaten Auszeit und Regeneration bin ich meine neue Stelle angetreten, obwohl ich mich hierfür noch nicht fit genug fühlte. Da ich jedoch während meiner Ausfallszeit schon Kontakt zu meinen neuen Arbeitskolleginnen hatte, und ich wiederholte Male gefragt wurde, wann ich denn meine Stelle antreten könne, habe ich mich entschieden, wieder in die Arbeit zu gehen. Aufgrund dessen, dass sich diese Stelle im Aufbau befand, war es sehr chaotisch, und ich war stark überfordert mit allen neuen Eindrücken und Hintergrundinformationen. Am meisten Kraft hat mir die Arbeit selbst gekostet. Nach sieben Jahren wieder in der Pflege zu arbeiten und dabei Auszubildende anzuleiten, wies sich teilweise ein lückenhaftes Hintergrundwissen auf, was ich erst wieder auffrischen wollte. Da ich gefühlsmäßig wieder unter großem Druck stand, kamen meine körperlichen Symptome zurück. Ich hatte über vier Monate hinweg Herpes und mein Schlaf litt wieder extrem. Tagtäglich habe ich gegen meinen Körper angekämpft. Zudem ereigneten sich seltsame Dinge zu Hause. Der Kühlschrank brummte als würde er explodieren. Die Balkontür ging kaputt und musste neu eingestellt werden, was sich der Reparateur nicht erklären konnte. Der Fernseher ging während des Schauens eines Abends plötzlich aus und ließ sich nicht mehr einschalten. Am nächsten Tag hat er wieder funktioniert als wäre nichts gewesen. Ein Hund eines Nachbarn, der mich fast täglich sieht und kennt, knurrte mich eines Tages böse an und konnte sich kaum beruhigen. Und das Letzte, woran ich mich noch erinnere, war, dass meine Markise nach einer kurzen Windböe von der Balkondecke aus der Verankerung gerissen wurde.

Während dieser chaotischen Zeit erkrankte zusätzlich auch noch mein Vater sehr schwer. Und neben all den Dingen erhielt ich zudem noch einen Hochzeitsantrag an meinem runden Geburtstag. Wo mir zu dieser Zeit mein Kopf stand, kann ich gar nicht mehr genau sagen. Ich mochte jedenfalls endlich wieder mit meinem Körper im Einklang sein und schöne Gefühle auch wieder positiv empfinden können. Deshalb fand ich für mich keinen anderen Ausweg als mich komplett neu zu orientieren. Somit meldete ich mich wieder krank.

Wir haben das Leben selbst in der Hand.

Mir war früher nie so richtig klar gewesen, wie viele Hilfsmöglichkeiten wir im Außen haben, die wir in Anspruch nehmen können, wenn es uns nicht gut geht. Das habe ich erst bemerkt, nachdem ich nach Auswegen suchte, um wieder zur Heilung zu kommen. So beschloss ich bereits während meines ersten Krankheitsausfalls, eine Rehabilitation für mich zu beantragen. Der Weg zu diesem Antrag war nicht leicht. Immer wieder hatte ich Gedanken wie: „Andere haben es doch viel nötiger als du", „Du bist doch noch so jung, du brauchst das nicht", oder „Du kriegst das doch alleine hin". Und dann die Ablehnung meines Antrags, die dieses Denken noch unterstützten. Nichtsdestotrotz gab ich nicht auf und versuchte es nochmal. Aber auch nach meinem Widerspruch erhielt ich eine Ablehnung. Also ging ich wieder arbeiten, wie im letzten Kapitel bereits erwähnt. Nachdem ich während der Zeit als zentrale Praxisanleitung noch mehr an Energie verlor, reichte ich zu Beginn meines zweiten Krankenstandes nochmals einen Antrag auf Rehabilitation ein. Dieser wurde dann endlich nach weiteren acht Monaten bewilligt. So konnte ich die Zeit bis zur Aufnahme gut überbrücken, da ich dachte, mir würde es nach dieser Rehabilitation wieder gut gehen, sodass ich ins Berufsleben zurückkehren könne. Ein guter Gedanke. Doch dem war leider nicht so. Während dieser fünfwöchigen Auszeit lernte ich, meine Konzentration auf mich zu lenken, und nach über der Hälfte der Aufenthaltszeit lernte ich auch mehr über mein Innenleben und Bedürfnisse kennen. Da die Therapeuten dort durch Krankheitsausfälle ihrer Mitarbeiter sehr überlastet waren, und deshalb die ein oder anderen Therapiestunden ausfielen, war ich viel auf mich allein gestellt. Sowohl die wenigen Therapiestunden als auch meine intensive Auseinandersetzung mit mir selbst haben mir während dieser Zeit sehr viel über mich gelehrt und mir die Erkenntnis erbracht, dass kein Therapeut der Welt mich „heilen" könnte. Denn die Heilung musste von und aus mir selbst kommen. Mit dieser Erkenntnis zog ich zu Hause wieder ein.

Dort angekommen machte ich mich gestärkt auf die Suche meiner Zukunftswünsche. Ich malte mir immer wieder Pläne für meine Zukunft aus und stellte mir diese gedanklich sehr oft bildlich vor. Ich versuchte tagtäglich, zumindest für wenige Minuten, diese Bilder zu visualisieren. Auch wenn ich nicht wusste, wie und was mich genau zukünftig erwarten wird, hielt ich an dem Glauben fest, dass meine Zukunft gut wird. Diesen Glauben hege ich heute noch. Um mein neues Denken und meine Neuausrichtung bezüglich meiner Zukunft in meinen Körper zu integrieren und transformieren, nahm ich mir wiederholte Male eine bestimmte Meditation zur Hilfe. Ich benannte diese Meditation „Die Firma deines Lebens". Als ich sie das erste Mal in gesprochener Form von Sabine Breiler hörte, war ich total überrascht. Und weil ich immer wieder an diese Meditation denke, werde ich sie nun aufführen, so wie ich sie für mich umschrieben habe.

Meditation „Firma deines Lebens"

Nimm dir nun einen Moment lang Zeit für dich.
Bitte kontrolliere, dass du in den nächsten 10 Minuten wirklich nicht gestört wirst.
Ist dein Telefon auf stumm geschaltet?
Liegst oder sitzt du bequem?
Solltest du einen Störfaktor finden, so beseitige diesen, indem du zum Beispiel eine Veränderung deiner Sitzposition vornimmst.

Atme dreimal tief ein und aus.
Spüre nach, wie sich bei der Einatmung die Bauchdecke hebt und sie sich bei der Ausatmung wieder senkt.
Bei der nächsten Einatmung stelle dir bitte deine eigene Firma vor.
Wie sieht sie aus?
Wie groß ist sie?
Aus welchem Material ist sie gebaut?
Wenn du hierzu Antworten hast, dann gehe nun einen Schritt weiter.
Geh in deine Firma hinein.
Wenn du innen angekommen bist, so kannst du auf der rechten Seite ein großes Zimmer erkennen.
Dieses Zimmer ist das Büro des Firmenchefs.
Die Tür dieses Zimmers steht weit offen.
Du gehst hindurch. Am Ende eines großen Tisches, in der Mitte des Raumes, befindet sich ein leerer Drehstuhl. Dies ist der Chefplatz.
Auf einem Zettel an der Tür steht geschrieben, dass die nächste Teambesprechung in fünf Minuten angesetzt ist.
Nach und nach füllen sich alle Stühle rundum des Tisches mit deinen Firmenmitarbeitern. Schau dich um und betrachte diese Personen gut.
Nun wird es ganz still im Raum.
Und der Chef tritt hinein. Sieh ihn dir ganz genau an.
Wie sieht er aus? Erkennst du diese Person?
Bist es nicht du, so schicke ihn wieder nach Hause, da diese Person nicht Chef deiner Firma ist und er sich einfach nur verlaufen hat.
Nun warte, bis der nächste Chef eintritt.
Wenn er so aussieht wie du, dann hat sich die richtige Person an den Führungsplatz begeben und es kann weiter gehen.

Sitzt du nun auf diesem Bürostuhl, so überdenke noch einmal alle Arbeitsplätze deiner Firma.
Passen die ehemaligen Arbeiter noch an ihre jeweiligen Arbeitsplätze?
Möchtest du welche umsetzen?
Oder möchtest du manche Mitarbeiter vollständig austauschen?
Dann stelle jetzt alle Arbeiter an die Posten, die für sie am besten passen.

Tausche Mitarbeiter aus, die in Rente gehen dürfen und erneuere diese Stellen durch neue Arbeiter.
Kontrolliere nun deine Firma noch einmal.
Falls jetzt alle Stellen wieder vollständig besetzt sind, so bedanke dich für die gute Zusammenarbeit und verabschiede dich liebevoll.
Während du aus deiner eigenen Firma nach draußen gehst, atme noch einmal tief ein und aus.

Und jetzt öffne deine Augen. Du bist angekommen.

Du hast jetzt gedanklich dein Leben aktualisiert und zu deinem besten Wohle umprogrammiert. Wie ich bereits erwähnte, werden Gedanken zu Gefühlen und diese zu Handlungen. Warte gerne ab, was sich in nächster Zeit bei dir ändert, und folge mithilfe deiner inneren Stimme deiner eigenen Wahrheit. Viel Spaß, Glück, Liebe und Erfolg dabei. Ich bin jederzeit und gerne bereit, von deinen Veränderungen zu erfahren.

DIE SELBSTERKUNDUNG

Hilfe anbieten vs. Hilfe annehmen

Als ich nach meinem Versuch mit dem Arbeitswechsel erneut scheiterte, war ich, wie im vorherigen Kapitel angeschnitten, wieder zu Hause. Meine lauten Gedanken rückten erneut in den Vordergrund und ich begann wieder, an mir zu zweifeln und mich zu verurteilen. Um aus diesem Teufelskreis herauszukommen, half mir meine Therapeutin, die ich regelmäßig aufsuchte. Ich habe mich bereits während meines ersten langen Krankheitsausfalls überwunden, sie zu kontaktieren. Über diese Entscheidung bin ich sehr froh und dankbar. Denn die Einzelstunden mit ihr waren für mich immer sehr kostbar und ich schätzte diese Zeiten sehr. Wenn ich gewusst hätte, wie wohltuend therapeutische Gespräche sind, dann hätte ich mich sicherlich schon früher für eine Psychotherapie entschieden. Denn dort wurde mir der Raum gegeben, über all meine Themen zu sprechen, die mich belasteten. Außerdem wurde das Gesagte nie bewertet. So habe ich mich von Anfang an gut aufgehoben gefühlt und konnte mich sehr schnell meinen tiefsten Gefühlen öffnen. Durch das großartige Fachwissen und der einzigartigen Persönlichkeit konnte mir meine Therapeutin schon in unzähligen Situationen dabei helfen, Veränderungen in meinem Leben vorzunehmen. Sie begleitete mich, unter anderem, oftmals bei der Überwindung meiner Herausforderungen und Widerstände. Dafür bin ich ihr unendlich dankbar! An dieser Stelle liebe Grüße an meine Therapeutin: Schön, dass es Sie gibt!

Ich bin der Meinung, dass die Welt viel mehr solch wertvolle Menschen braucht, die anderen mit ihren individuellen Arten helfen bzw. begleiten können. Ob systemischer Coach, Life-Coach, Wegbegleiter, Seelsorger, Burnout-Coach und wie sich diese wundervollen Personen nennen. Wenn ein Mensch eine individuelle Gabe hat, dann sollte diese auch anerkannt und gefördert werden. Denn wenn man etwas liebt, das man tut und wovon man überzeugt ist, dann bin ich mir sicher, dass dies der absolut richtige Weg ist, um in der Welt einen tollen und großen Beitrag leisten zu können – seinen eigenen Beitrag. Somit könnte man viele Menschen in ihrer Selbstheilung begleiten. Ich bin mir sicher, dass sich dadurch zahlreiche Probleme der Menschen auflösen würden. So könnte man viele überarbeite Mediziner, Therapeuten, Pflegekräfte, medizinische Fachangestellte und Co. entlasten. Das ist mein Zukunftsblick. Die ganze Welt befindet sich gerade im Wandel. Und deshalb glaube ich fest daran, dass sich noch vieles zum Positiven verändern wird. Also lieber Leser: Lasst uns unsere Berufungen finden und machen wir uns auf den Weg dorthin! Wollen wir dieses Abenteuer Leben wagen und uns zu unseren Fähigkeiten bekennen? Auch ich möchte zukünftig meine Beiträge dazu leisten, mit dem, was ich kann, die Welt ein Stückchen friedvoller zu machen. Indem ich Menschen auf ihren Wegen berühre, begleite und inspiriere. Wie sich das zukünftig umsetzen lässt, weiß ich noch nicht genau. Aber ich denke, meine Ausbildungen zur TouchLife Praktikerin[2] und zum Greator-Coach[3] sowie dieses Buch sind hierfür schon einmal ein guter Anfang. Meine Vision ist es, in einer Welt zu leben, in der man von friedvollen und liebenden Lebewesen umgeben ist. Und das schaffen wir alle, wenn wir uns auf den Weg zu uns selbst machen und fest daran glauben, dass wir ein Teil der positiven Veränderungen sind. So denke ich zumindest. Jetzt ist die Zeit gekommen, dass wir uns auf unsere Reise ins Innenleben begeben und all die hinderlichen inneren Widerstände auflösen. Meditationen, die stille Form der Achtsamkeit,

---

[2] Busch, Frank: Ausbildung TouchLife Praktikerin. Siehe: https://www.touchlife.de/portfolio-items/massageschule-teising/, TouchLife Webseite: https://www.touchlife.de

[3] Hommelsheim Christina & Walter: Greator-Coach-Ausbildung. Siehe: https://greator.com/greator-coaching/greator-coach/

ist ein gutes Werkzeug hierfür. Denn darin lenkt man die Gedanken auf den Körper zurück und in diesen Momenten ist man mit sich, seinem Körper und den Gedanken ganz allein. Anfangs ist es vielleicht schwierig, da sich die Stille ungewohnt anfühlt. Aber man kann mit kurzen Intervallen beginnen und sie dann beliebig erhöhen. Oder, was mir auch oft half, Widerstände und Gereiztheit aufzulösen, waren Atemübungen. Drei bis fünf tiefe Atemzüge. Sechs bis acht Sekunden einatmen, drei Sekunden die Luft anhalten, um dann wieder acht bis zehn Sekunden auszuatmen. Viele Menschen atmen viel zu oberflächlich. Durch die tiefen Atemzüge lenken wir die Aufmerksamkeit auf die Atmung, sodass sich nach und nach das Gemüt beruhigt. Außerdem wird die Lunge in der Tiefe mit Sauerstoff versorgt, sodass wir unseren Körper mit frischem Sauerstoff anreichern und unsere Organe optimal damit versorgen. Es gibt noch viele weitere Vorteile, die mit einer tiefen Atmung einhergehen, die überall nachgelesen werden können, wenn man das möchte.[4]

Die Suche nach meinem persönlichen Kern

Mir wurde schnell bewusst, dass ich in meiner Vergangenheit zu oft sehr viel meiner Kraft gegeben habe, wodurch eigene Belange dabei häufig auf der Strecke blieben. Dies wollte ich ändern. Diese Veränderung hieß: Ich musste anfangen, mich mit mir selbst zu befassen. Ich wollte mein wirkliches „Ich" finden, meine Werte erkennen, mich mit meinen eigenen Wünschen befassen, meine Wünsche dann auch äußern und das Leben nach diesen Herzenswünschen anstreben. Das forderte ganz viel Mut, Disziplin und Geduld. Und in diesem Prozess lernte ich auch

---

[4] Sabater, Valeria: Atmung. Siehe: https://bessergesundleben.de/tiefeatmung-7-unglaubliche-vorzuege/(18. Juli 2022)
Auch die Wim-Hof-Atmung ist eine wunderbare Atemübung. Wim-Hof-Methode. Siehe: https://www.wimhofmethod.com/practice-the-method (Blog 10. August 2022)

das „Nein-Sagen". Als ich mich in meiner schwierigen Lebensphase befand, war ich, wie bereits erwähnt, erst einmal so erschöpft, dass Zähneputzen, Duschen und Essen zu meinen täglichen Haupt- und Tagesaufgaben wurden. Diese waren meine täglichen Herausforderungen. An manchen Tagen meisterte ich sie besser als an anderen. Ich meditierte fast täglich, schlief sehr viel und lauschte besonders intensiv in mich hinein. Ich stellte mir oft die Frage „Wie soll ich jemals wieder einen Alltag leben können, wo ich Arbeit, Haushalt und Privatleben unter einen Hut bekomme, ohne, dass ich daran zerbreche?" Es fühlte sich sehr herausfordernd an.

Als es mir etwas besser ging, bekam ich in freier Zeit oft das Gefühl der Langeweile. Also füllte ich diese Zeiten meist mit Aufgaben und Terminen, so wie ich es aus meiner Vergangenheit her kannte und gewohnt war. Wenn ich diesen Zeitfüllern nachging, dann protestierte mein Körper nach kurzer Zeit wieder, da dieser wohl immer noch Ruhe und Pausen brauchte, die er schließlich einforderte. Somit kam ich nicht aus und setzte mich weiter mit mir selbst auseinander. Ich entwickelte neue Interessen bzw. frischte alte auf. Zum Beispiel ging ich meinen Kochkünsten wieder nach, backte Brot, machte Spaziergänge und plante irgendwann Wanderausflüge. Diese machte ich teilweise allein, was ich mir niemals zuvor zugetraut hätte. Ich habe gelernt, es auszuhalten mit mir allein zu sein, was sich sehr schnell als große Wohltat herausstellte. Des Weiteren wurde das Schreiben zu einem neuen Hobby.

Nach einiger Zeit setzte ich meine Prioritäten neu: Selbstfürsorge, Zeit für Partner, Familie und Freunde. Genau in dieser Reihenfolge. Als ich mich entschloss, nach diesen Prioritäten zu leben, genoss ich es irgendwann, in freier Zeit nichts zu tun. Denn in diesen kostbaren Momenten gewann ich viel Ruhe, Frieden und Leichtigkeit. Eines Tages habe ich mich mit dem Thema „Freundschaften" auseinandergesetzt. Mir war klar, wenn ich mich entwickeln möchte, dann werden sich wohl manche Freundschaften auflösen. Also achtete ich mehr auf meine noch bestehenden Kontakte und wie sich diese für mich anfühlten.

Manche Beziehungen lösten sich nach und nach von selbst auf. Andere hinterfragte ich aktiv durch Ansprache. So zeichneten sich schnell die weiter bestehenden Kontakte ab. Auch für diese Veränderung war ich hier überaus dankbar. Denn so wusste ich, dass neue Menschen in mein Leben treten konnten.

DAS LEBEN ÄHNELT EINEM SPIELFELD VOLL LERNAUFGABEN

Wir sind der Chef unseres Spiels und bestimmen die Regeln.

Nichts ist dem Zufall zuzuschreiben. Alle Dinge passieren und geschehen aus bestimmten Gründen. Aus meiner Sicht sind diese Gründe dem Ursprung unserer Seelen zurückzuführen. Denn unsere Seelen leben bereits seit unzählig vielen Jahren. Da glaube ich stark an die Inkarnation bzw. Reinkarnation der Menschen. In diesem Glauben ist es so, dass sich unsere Seelen dieses irdische Leben, das wir gerade leben, selbst ausgesucht haben. Somit stehen auch schon unsere Aufgaben und Lebensphasen fest, die wir durchleben müssen, sodass wir letzten Endes zu unserer Bestimmung, den ausgelebten Herzenswünschen, gelangen. Je früher wir unserer Bestimmung nachgehen, desto weniger stark ausgeprägt werden die weiteren Lebensaufgaben sein. Ich denke, dass all die vielen und teilweise sehr schrecklichen Schicksalsschläge uns als Weckrufe dienen wollen und sollen. An dieser Stelle möchte ich keineswegs Traumata und schwerwiegende Schicksalsschläge gutheißen. Ich versuche lediglich, eine Verbindung aus schlimmen Geschehnissen und dem Leben herzustellen. Deshalb sehe ich solche Lebensumstände als Weckrufe, die uns auffordern, auf unsere inneren Stimmen zu hören, um wiederum unsere eigene Wahrheit und Herzenswünsche herauszufinden und diese in Liebe auszuleben.

Beispiele für verschiedene Lebensaufgaben und Schicksalsschläge können sein:

- Konflikte unter Freunden, in der Familie, im Beruf, oder ein innerer Konflikt
- Berufliche Erfolge oder Niederlagen
- Wohnungskauf oder Wohnungsverlust

- Physische oder psychische Krankheiten wie zum Beispiel Krebs, Depression, Burnout, Herzinfarkte, Schlaganfälle und vieles mehr
- Nahtoderfahrungen
- Traumata in Form von Unfällen, Missbräuchen, Krieg
- Finanzieller Ruin

die Liste ließe sich noch unendlich weit fortsetzen

Unser Leben gleicht also einem großen Lernfeld, das aus unendlich vielen Lebensaufgaben besteht. Ich bin davon überzeugt, dass uns das Schicksal erst an die für uns vorgesehenen Ziele führt, wenn wir aus den einzelnen Lebensaufgaben lernen, worum es in unserem Leben wirklich geht. Nämlich darum, ein lebenswertes Leben zu leben, in dem wir glücklich und zufrieden sind und welches sich mit einer Leichtigkeit leben lässt. Es ist nicht die Rede davon, dass man aus jeder Aufgabe mit Erfolg herausgehen wird. Unser Ziel bzw. Ergebnis, ist die Erfahrung, die wir aus jedem einzelnen Lernbereich sammeln. Denn: *„Wir können nie scheitern, entweder wir lernen, oder wir siegen."* So schildert es unter anderem Christian Bischoff in „Die Kunst dein Ding zu machen".[5]

Wie bereits in Kapitel sechs erwähnt, scheitern wir entweder an einer Aufgabe und gewinnen so an Erfahrung, oder wir gehen erfolgreich aus einer Aufgabe heraus, was uns bereichert. Egal, wie das Ende einer Aufgabe aussieht, wir werden uns immer weiterentwickeln und mehr unser wahres Selbst finden. Wenn wir zum Beispiel einen geliebten Menschen verlieren, lernen wir loszulassen. Wenn wir erkranken, lernen wir, Gesundheit zu schätzen. Wenn wir von einem Partner verlassen werden, lernen wir, die Unabhängigkeit gegenüber anderen Menschen und die Ver-

---

[5] Bischoff, Christian: Persönlichkeitsentwicklung. Siehe: https://www.youtube.com/watch/?v=DcdM_isYxzQ&t=2s (11.08.2022)

antwortung für unser eigenes Glück. Das Leben lehrt uns, immer das Beste aus geschehenen Situationen zu machen und lässt uns immer stärker werden, sodass wir unser großes Lebensziel erfüllt bekommen: In Liebe und Leichtigkeit leben, wo eigene Herzenswünsche ausgelebt werden können.

Das Leben besteht durchgehend aus hinfallen und wieder aufstehen. Denn kein Leben verläuft linear, stetig aufwärts. Sonst würden wir nicht merken und spüren, dass wir am Leben sind. Bildlich gesehen zeigt uns dies beispielsweise eine EKG-Aufzeichnung. Die Herzschläge verlaufen in Form von Zacken, was ich mit unserem Leben mit Höhen und Tiefen gleichstelle. Würde unser Herz eine gerade Linie schreiben, dann wären wir tot. Was in Vergleich zu einem Entwicklungsstillstand im Leben und der Persönlichkeit steht. Ich finde diesen Vergleich recht gut.

Wenn man nun anfängt, sich ernsthafte Gedanken über sein eigenes Leben zu machen, dann geht man den ersten Schritt auf die Lebensfreiheit und Gesundheit zu. Warum, möchte ich wie folgt beantworten: So nimmt man die Situationen, vor allem sich selbst, bewusster wahr und man ändert seinen Lebensstil oder Lebensstrategien. Somit entwickelt sich die eigene Persönlichkeit immer weiter. Je mehr man nun nach seinen Herzenswünschen lebt, desto zufriedener und gesünder fühlen wir uns.

Dieser Vorgang ist meines Erachtens ein lebenslanger Prozess. Denn wir lernen nie aus. Es wird immer Menschen geben, mit denen wir in Resonanz gehen. Diese Menschen sind unser Übungsfeld, an welchen wir uns gut reflektieren und weiterentwickeln können. Alles, was uns widerfährt, oder was uns an unserem Gegenüber ärgert, sind Triggerpunkte aus unserem bisherigen Leben. Und wenn man diesen Zusammenhang verstanden hat, dann kann man diese Triggerpunkte näher untersuchen. Meist haben sie mit Verletzungen aus eigenen Erlebnissen der Vergangenheit oder mit Verletzungen von Personen aus dem Familiensystem zu tun. Wenn du dich näher mit diesem Thema auseinandersetzen willst, dann empfehle ich dir gerne das Buch „Dieser Schmerz ist nicht meiner" von Mark

Wolynn.[6] In diesem Buch wird erzählt, wie persönliche Widerstände in Form von Panikattacken, Angststörungen, Depressionen oder konfliktbeladenes Zusammenleben mit dem Partner mit den Hintergründen der Ahnengeschichten zusammenhängen können. Der Autor erzählt über seine eigenen Erfahrungen, in denen er sieht, wie sich die körperlichen Symptome seiner Klienten nach dem Auflösen von Traumata seiner Familienangehörigen minimiert beziehungsweise aufgelöst haben. Ein sehr spannendes Buch aus meiner Sicht, was lohnenswert ist, gelesen zu werden.

---

6 Wolynn, Mark: Dieser Schmerz ist nicht meiner. München: Kösel, 2017, Seite 27–59

VERÄNDERUNGSPROZESS

Eigene Gefühle wahrnehmen und zulassen

Wenn man beginnt, sich für sein Innenleben zu interessieren, sich zu verändern und zu entwickeln, dann wird man sehr schnell bemerken, dass man plötzlich sensibler und verletzlicher ist, als man dies von sich kennt. Und diese Veränderung kann Ängste in uns auslösen. Doch dieser Vorgang ist normal, weil wir uns mit unserer Entwicklung einen größeren Zugang zu all unseren Gefühlen verschaffen. Wenn nun jemand denkt: „Ich weiß nicht, ob das etwas für mich ist, mich meiner Gefühlswelt zu öffnen", so kann ich auf diese Frage nur antworten „Ja, es ist sowas von richtig für dich!" Und warum? Weil meiner Meinung nach all die starken Energien, die wir zum Verdrängen über all die Jahre aufgebracht haben und in unseren Körpern gespeichert sind, aus unseren Systemen hinaus gehören, sodass wir freier und leichter leben können.[7]

Diese wachsende Sensibilität kann sich manchmal etwas gewöhnungsbedürftig anfühlen. Durch die ausgeprägte Empfindsamkeit ist es möglich, dass wir plötzlich stärker auf unsere Mitmenschen reagieren und verschiedene Gefühle in uns verstärkt hervorgerufen werden. Diesen Prozess habe ich sowohl in der Zeit nach meiner Heilsitzung bei Sabine als auch nach therapeutischen Gesprächen zu spüren bekommen, und das zu meiner von Natur aus schon sehr ausgeprägter Sensibilität. Ich denke, dass ich deshalb lange Zeit große Schwierigkeiten hatte, wieder in meine innere Balance zu finden. Zwischenzeitlich haben mich die Geschichten und das Leid der Menschen teilweise überwäl-

---

[7] Hommelsheim Christina & Walter: Greator-Coach-Ausbildung. Siehe: Woche 22: Wir sind Energie https://greator.com/greator-coaching/greator-coach/

tigt. Wut, Angst, Trauer, Freude und alle noch so vorhandenen Emotionen konnte ich stärker denn je fühlen. Oft reagierte ich genervt und wutentbrannt, ja fast aggressiv in Gesprächen, in welchen ich mich persönlich angegriffen fühlte. Dadurch, dass ich selbst noch nicht genau wusste, was mit mir los sei und wo mich mein Weg hinführen würde, war ich mit all meinen Gefühlen überfordert. Gut gemeinte Ratschläge, Tipps oder Kritik auf meine Erzählungen konnte ich eine Zeit lang überhaupt nicht neutral annehmen. Erst als ich meine Zukunftspläne immer deutlicher vor meinem inneren Auge sehen konnte und ich daran glaubte, konnte ich tiefes Vertrauen in mich und das Leben gewinnen. So milderten sich von Zeit zu Zeit auch meine Emotionen, sodass ich mit meinen Mitmenschen wieder besser in Kontakt treten konnte. Eine ehemalige tolle Arbeitskollegin hat immer gesagt „Was lange währt, wird endlich gut." Heute verstehe ich mehr denn je den Sinn dahinter.

Bei jedem Veränderungsprozess, der sich manchmal unschön anfühlen kann, ist es sehr wichtig, den Fokus auf seine eigenen Wahrheiten nicht zu verlieren und sich nicht vom Außen beirren zu lassen. Das nähere Umfeld, also die Familie und guten Freunde, meinen es in der Regel immer gut mit uns. Deshalb werden neue Zukunftsideen und Vorstellungen, die noch nicht eingetreten sind, oftmals erst hinterfragt. Wohl aus ihrer Fürsorge zu uns und dem Wohlwollen heraus. Wie gesagt fiel es mir zeitweise unglaublich schwer, freundliche Unterhaltungen zu führen, wenn meine Ideen nicht gleich bejubelt wurden. Ich fühlte mich oft abgelehnt, belächelt oder unverstanden. Eines Tages wagte ich den Besuch beim Osteopathen. Durch die wenigen, aber sehr intensiven und tiefgehenden osteopathisch-psychologischen Gespräche wurde mir bewusst, dass ich selbst noch nicht stark genug an meine Zukunftsideen glaubte, und, dass ich anscheinend noch an mir und meinen Plänen zweifelte. Erst als ich gedanklich anfing, meine Visionen immer stärker werden zu lassen, ihnen mehr Details zukommen ließ und immer mehr an sie glaubte, änderten sich meine Gefühle. Auch Gespräche nahm ich zunehmend weniger emotional kränkend wahr. Ich übte mich in Zurückhaltung während meiner Gespräche, die ich mit Menschen führte. Durch die wachsende Achtsamkeit meinerseits konnte ich immer mehr die Fürsorge meiner Gesprächspartner, aber auch die Ängste und Unsicherheiten ihrerseits erkennen. Durch all diese Erfahrungen lernte ich, dass Veränderung immer bei mir selbst beginnt und nicht vom Außen herbeigeführt werden kann. Genauso wie ich umgekehrt keine Veränderung meines Gegenübers erzwingen kann.

So erkannte ich, dass ich alle Herausforderungen in meinem Leben mit Liebe annehmen darf und an Unstimmigkeiten und Konflikten wachsen kann. Außerdem wurde ich gelehrt, wie wichtig es ist, meinen Visionen und Träumen immer weiter zu folgen, und seien die Widerstände zwischendurch noch so groß. Erfolgreich werden wir nicht, wenn wir nur fallen. Erfolgreich werden wir, wenn wir immer wieder aufstehen. Und wenn ich falle, dann rufe ich mir immer wieder ins Gewissen, dass ich all diese Erfahrungen und Lektionen erhalte, sodass ich an mein oberstes Ziel gelange: In Liebe und Leichtigkeit zu leben, wo ich Menschen mit Freude dienen kann.

GEDULD UND ACHTSAMKEIT

In der Ruhe liegt die Kraft.

Was mein Leben gefühlt immer wieder erschwert, ist, dass ich mit mir selbst sehr ungeduldig bin. Wie bereits erwähnt ist der größte Kritiker eines Menschen er selbst. Wir erwarten von uns oftmals viel zu viel, in viel zu kurzer Zeit. Zumindest ergeht es mir oft so. Durch meine zu hohe Erwartungshaltung an mich selbst verfalle ich oft der Ungeduld. Doch in der Ruhe liegt die Kraft. Und durch die vielen verschiedenen Achtsamkeitsübungen habe ich gelernt, frühzeitig zu merken, wenn mich etwas überfordert oder mir etwas zu viel wird. Wenn ich Überlastungen verspüre, so habe ich mithilfe meiner Therapeutin und durch meine eigene Entwicklung gelernt, mich selbst zu bremsen. Anzeichen an Überlastungen waren zum Beispiel, dass ich Hauterscheinungen bekam, ich eine übermäßige Müdigkeit verspürte, starke Emotionen wie Wut und Traurigkeit in mir hochkamen oder ich allgemeine Lustlosigkeit und Erschöpfung empfand. Meine Reaktionen darauf waren, dass ich Termine absagte bzw. verschob, ich meinen Tagesablauf so strukturierte, wie ich Energie hatte, und Aufgaben delegierte oder liegen ließ. Außerdem legte ich mich hin und gönnte mir die Pausen, die ich brauchte, auch wenn sie zeitlich länger, bis zu mehreren Tagen, andauerten.

Ich habe gelernt, die Geschwindigkeit meiner Aufgabenerledigung und Alltagsmeisterung meinem körperlichen Energielevel anzupassen. Damit möchte ich nicht sagen, dass ich dies heute super gut beherrsche. Es fordert von mir täglich höchste Aufmerksamkeit. Eine Stütze hierfür ist mein „Chancenplaner", in dieses ich versuche, regelmäßig hineinzuschreiben. Diese Idee stammt von Bodo Schäfer[8] und hilft mir sehr, meinen Tag zu planen und meine Gedanken ins Positive zu lenken. Es stärkt das positive Mindset. Ich beantworte mir in diesem Chancenplaner morgens folgende Fragen:

- Warum ist der heutige Tag eine Chance?
- Was ist heute meine wichtigste Aufgabe?
- Was habe ich gestern gelernt? Oder: Was ist mir gestern gelungen?
- Wofür bin ich dankbar?

Danach fokussiere ich mich auf meine wichtigsten Lebensziele und Werte und spreche diese laut aus. Dafür habe ich mir mein Zehn-Jahres-Ziel niedergeschrieben, sodass ich es immer ablesen und mir vor Augen führen kann. Zum Schluss bedanke ich mich laut und sage mir, dass alles gut ist. Diese Methode, und auch viele andere, die ich bereits in meinem Buch erwähnte, helfen mir, mich auf mich selbst und meine Herzenswünsche zu konzentrieren und erinnern mich immer wieder an die schönen Dinge des Lebens, wofür ich dankbar sein darf. Ich persönlich finde dies gerade in der heutigen Zeit sehr wichtig. Meines Erachtens dürfen wir Menschen nie vergessen, wie wertvoll und wunderschön unser Leben ist.

Durch die vielen Methoden der Achtsamkeit, die ich immer wieder mittels Meditationen, Atemübungen, oder Körperwahrnehmung ausübe, kann ich meine Ungeduld in Frieden umwandeln. So gewinne ich immer wieder an Kraft und Energie.

---

8 Schäfer, Bodo: Chancen-Planer. Siehe: https://shop.bodoschaefer-akademie.de/products/chancen-planer-2022 (11.08.2022) Youtube: https://www.youtube.com/watch?v=J6r0AmQJF8E (11.08.2022)

ENTSCHLEUNIGUNG

Nun widme ich mich in diesem Kapitel noch einmal im Einzelnen dem Thema Entschleunigung. Durch unsere moderne Zeit und unseren hektischen Alltag vergessen wir oft beziehungsweise nehmen wir überhaupt nicht wahr, wie schnell wir etwas tun und wie schnell die Zeit dabei vergeht. Oft bereits schon kurz nach dem Aufstehen. Wir putzen unsere Zähne, duschen schnell, trinken nebenher Kaffee und dann geht es meist schon ab zur Arbeit. Nach Feierabend arbeiten wir unser straffes Tagesprogramm mit Routinen, Hausarbeiten und sonstigen Terminen ab. Diese werden in der Regel oft so schnell abgefertigt, dass wir währenddessen ins „Hudeln" kommen, uns Dinge herunterfallen, einen Schlüssel verlegen, oder hier und da einen Gegenstand suchen. Aufgrund dieser Lebensweise, denke ich, steht ein Großteil der Menschen sehr stark unter Strom. Dies wirkt sich langfristig zu einem Dauerstress aus. Und, dass Stress krank macht, ist nichts Neues. Das zeigt uns der Körper auf unterschiedlicher Weise. Wenn wir die Signale missachten und über die Symptome hinwegsehen, so verschlimmern sich diese mit der Zeit. Steine in den verschiedenen Organen, Bluthochdruck, Herzrasen, Zittern bis hin zu Krebs, Herzinfarkt, Schlaganfall oder vieles mehr können Reaktionen dessen sein.

Da ich aus eigener Erfahrung weiß, dass es einem schnell langweilig werden kann oder man nichts mit sich anzufangen weiß, wenn man einmal nichts zu tun hat, glaube ich, dass wir das sinnvolle Füllen der freien Zeit, erst wieder erlernen dürfen. Ich denke, dass das Handy und die Medien sehr viel zu diesen Missständen beigetragen haben, da wir uns sehr oft und teilweise lange in der Freizeit damit beschäftigen und somit das Gefühl der *freien Zeit* gar nicht mehr kennen. Mir war es ein Anliegen nochmal über die Entschleunigung zu sprechen. Denn wenn man sich auf seine eigene Reise zum erfüllten Leben begibt, dann ist es wichtig, dass man im Alltag entschleunigt.

GEFÜHLSLEBEN IN KRISENZEITEN

Ausgebremst im schnelllebigen Alltag

In der aktuellen Zeit leben wir alle in einer absoluten Ausnahmesituation. Durch die Coronakrise stehen wir größten Herausforderungen gegenüber, die es für uns in dieser Form noch nie zuvor gab. Der Covid-19-Virus, der hoch ansteckend uns Menschen infiziert sowie auch vielen Menschen bereits das Leben kostete, erschwert uns allen den Alltag und begrenzt uns stark in unserer Freiheit.

Ich habe lange überlegt, ob ich näher auf dieses Thema eingehen möchte oder nicht. Und doch tue ich es. Aus diesem Grund, dass wir uns nochmal vor Augen halten können, durch welch schwierige Zeiten wir es bereits geschafft haben.

Überall auf der Welt waren strikte Ausgangsbeschränkungen bis strikte Ausgangsverbote einzuhalten, da die Anzahl der Infizierten immer weiter anstieg. Viele Berufstätige mussten zeitweise zu Hause bleiben, oder verloren ganz ihre Jobs, Schulen und Kindergärten wurden geschlossen. Es durften sich eine Zeit lang nicht mehr als zwei Personen in einer Gruppe treffen. Regeln wurden getroffen, dass wir Menschen nur noch unter bestimmten Voraussetzungen in verschiedene Lokale, Veranstaltungen, Behörden, etc. hineindurften.

Was machte und macht diese Zeit aber mit uns Menschen? Viele müssen mit dem finanziellen Minimum auskommen, haben Existenzängste, können sich kaum noch über Wasser halten und sind von den Umständen abhängig. Angst und Unmut regiert einen Großteil der Bevölkerung. Viele befinden sich in einer sehr großen Existenzkrise. So wird vielen unter uns bewusst, welche große Macht das Geld hat, und wie fixiert wir darauf sind, sodass wir nicht in den Ruin stürzen. Das ist wohl die größte Aufgabe, die wir Menschen, vor allem zu dieser Zeit, in allen Ländern haben. Sehen, wie man sich wieder ins Lot arbeitet und die Alltagsbalance herstellt. Es herrscht so viel Hass und Wut auf der Welt, sodass es teilweise zu großen Spaltungen zwischen Menschen gekommen ist.

Ich versuche nun einmal aus einem anderen Blickwinkel auf unsere Situation hinzusehen: Wir Menschen wurden mit Ausbreitung des Coronavirus auf ein Minimum ausgebremst. Wir mussten nicht funktionieren, nichts planen, organisieren oder terminieren. Wir wurden bis auf ein Minimum heruntergefahren. Die Familien rückten näher aneinander und durften sich intensiver mit sich befassen, was teilweise zu großen Herausforderungen mit großen Belastungserprobungen führte.

Was ist der Grund dafür? In meinen Augen haben viele Menschen verlernt, zu kommunizieren. Wir haben uns, aufgrund unserer deutlich überbeladenen Tage, ausgebremst, sodass wir uns viel weniger mit uns selbst und unserem Gegenüber befassen konnten. Wir haben in den letzten Jahren sehr viel unter Druck gelebt, mit straffen Tages- und Zeitplänen, sodass die Zeit oftmals nicht gegeben war, sich Gedanken über sich selbst und das Leben machen zu können. Viele Menschen sind wie ferngesteuert durch den Alltag gelaufen als wären sie Marionetten. Wir merkten es oft nicht einmal, vielleicht, weil wir nicht achtsam genug waren, oder unter ständiger Reizüberflutung lebten. Des Weiteren sind viele Menschen emotional sehr abgestumpft. Das eigene Handeln wurde gar nicht mehr hinterfragt und man machte sich keine Gedanken, was gut oder weniger gut für einen selbst war. Außerdem sind wir zusätzlich durch die Medien sehr stark abgelenkt, sodass wir durchgehend an Informationen überladen sind. Viele führten ihr Leben wie Durchlauferhitzer. Werte wie Liebe, Zusammengehörigkeit, Familie und Gemeinschaft wurden nur noch bedingt gepflegt, oder als selbstverständlich angesehen. Mir hat die schwere Zeit gezeigt, dass nichts auf der Welt selbstverständlich ist. Und ich lernte wieder, dankbar zu sein. Dankbar für Zeit, Familie, Essen, Gespräche, Zweisamkeit, Freunde, Entschleunigung und vieles mehr.

Ich wünsche mir, dass wir Menschen lernen, uns gegenseitig wieder mehr zu akzeptieren, respektieren und achten. Auch wenn unterschiedliche Meinungen gelebt werden. Wenn diesen Werten mehr Bedeutung und Beachtung zugeschrieben werden würde, dann, denke ich, würde es weniger Verachtung und dafür mehr Liebe, Hilfsbereitschaft, Leichtigkeit, Lockerheit und Harmonie auf der Welt geben. Und das wünsche ich mir von ganzem Herzen.

VERHALTEN IN EINER PERSÖNLICHEN KRISE

Nach jedem Tief folgt ein Hoch.

Lange Zeit habe ich mich intensiv mit dem Thema *Krisenbewältigung* befasst. Dazu bin ich auf viele tolle Podcasts von Veit Lindau gestoßen.[9] Meine Eindrücke bezüglich der Inhalte des Workshops möchte ich im Folgenden gerne mit euch teilen.

Zuerst einmal möchte ich das Wort Krise erklären. Was ist denn eine *Krise* eigentlich? Wenn man nach einer Definition sucht, so stößt man zum Teil auf lange Sätze, in diesen das Wort, meiner Meinung nach, kompliziert erklärt und dargestellt wird. Mir gefällt die kurze Definition, wie sie Veit Lindau darstellt, mit nur einem Wort: dem Wort Leid. Und Leid ist nicht zu ermessen.

Während ein Mensch zum Beispiel darunter leidet, wenn jemand eine abwertende Bemerkung macht, leidet ein anderer, wenn ein engeres Familienmitglied stirbt. Es hängt somit eng mit der Resilienz (Widerstandsfähigkeit) eines jeden Menschen zusammen. Dennoch ist Leid nun einmal Leid. Und egal, ab wann ein Mensch leidet, wesentlich ist, dass es ihm dabei nicht gut geht. Und wir alle kennen dieses Gefühl.

Wenn man den Beginn eines Menschenlebens unter die Lupe nimmt, dann fällt auf, dass es so ist, als würde jedem von uns eine Art *Wegweiser* in die Hand gegeben werden. Und nach diesem Wegweiser richten wir uns in der Regel.

---

9 Lindau, Veit: Podcast Seelengevögelt. Siehe: https://veitlindau.com/podcasts/(01.08.2022)
Lindau, Veit: Podcast Krisenzeit. Siehe: https://veitlindau.com/fucked-up-online-workshop/(01.08.2022)

Außerdem sind bestimmte Normen und Richtlinien festgelegt. Zum Beispiel die Norm der Schönheit und Perfektion oder der Notenschlüssel in der Schule. Wenn man all diesen Normen nicht entspricht, mangelt es sehr schnell am Selbstwertgefühl. Wer sagt denn, dass ein Mensch unschön ist, wenn dieser einen Makel aufweist, oder zu viele Pfunde auf den Rippen hat? Oder wer sagt, dass ein Mensch nicht gut genug ist, wenn er im Zeugnis eine schlechte Note in einem bestimmten Fach aufweist?

Ich persönlich habe dazu meine eigene Haltung. In meinen Augen ist jeder Mensch schön, egal wie dieser aussieht. Der Glanz der Selbstliebe und Selbstannahme sowie die Ausstrahlung von Glück und Zufriedenheit machen ihn, in meinen Augen, schön. Und bezüglich des Themas Noten finde ich, dass jeder Mensch gewisse Talente hat, die jeder auch gerne ausweiten und vertiefen sollte. Keiner kann in allen Bereichen und Dingen des Lebens perfekt sein. Denn was und wer ist denn schon perfekt? Makel zeichnen einen Menschen aus und machen diesen individuell. Was Noten angeht, denke ich, dass das Bestreben der Menschen mehr Beachtung verdient. Wenn sich zum Beispiel ein Mensch in einer ihm nicht gut liegenden Sache bemüht und sein Bestes zeigt, dann würde ich das Bestreben und seine Motivation bewerten. Wenn er sich, in seinem Verhältnis, gut weiterentwickelt hat, dann ist dies doch auch sehr lobens- und belohnenswert. Warum also keine individuell tollen und guten Bewertungen austeilen? Aber das ist, wie gesagt, meine persönliche Haltung zu diesen Themen.

Nun zurück zum Begriff *Wegweiser*. Darauf möchte ich gerne näher eingehen. In meinen Augen wird uns ein gewisses Format vorgelebt, wonach man sich richtet. In Deutschland könnte ein Bild dieses Wegweisers zum Beispiel so aussehen:

- Sich der Gesellschaft anpassen
- Guten Schulabschluss erzielen
- Ausbildung oder Studium erfolgreich absolvieren
- Festes Einkommen
- Familie gründen und heiraten

- Haus mit Garten
- Vater arbeitet Vollzeit
- Mutter Teilzeit, kümmert sich um Kinder und Hausarbeit
- Rente mit 67
- Träume leben, die man hat

Lange Zeit habe ich auch nach dieser Annahme gelebt, dass mein Leben so aussehen würde. Doch als ich anfing, bestimmte Dinge zu hinterfragen, kam ich ins Wanken und bekam viele neue Sichtweisen auf das Leben.

Die Anschauung, wie es in dem Online-Workshop von *Fucked Up* gezeigt wurde, fand ich gut: Wenn in bestimmten Situationen im Leben das *Verständnis*, der *Sinn* oder der *Weg* von einem Menschen nicht verstanden wird, dann entsteht ein bestimmtes Chaos. Im Endeffekt ist dieses Chaos aber nichts anderes als eine gewisse Ordnung. Denn wenn wir den Weg durch das Chaos gehen, dann folgt meist irgendetwas Gutes, was sich leider erst nach Bewältigung des Chaos stimmig anfühlt. Ein Beispiel hierfür ist das Zerbrechen einer Liebesbeziehung. Hier leiden viele Menschen, und nachdem sie eine Weile gelitten haben, merken die meisten, dass die Trennung für ein glücklicheres Leben nötig war.

Wenn man den Menschen als ein System betrachtet, durch welches ständig Inhalte mittels Gespräche, Mitteilungen, Nachrichten, Bücherinhalte, Geräusche, Bilder usw. fließen, dann wirkt dieser Fluss wie ein Kreislauf. Denn die aufgenommenen Inhalte sind nichts anderes als Energie, die in die Menschen hinein- und hinausfließen.

Ins System geht also Energie hinein – und Energie hinaus.

Wenn nun zu viel Energie aufgenommen wird, als abgegeben werden kann, dann entsteht Stress. Wenn das System von Stress überladen ist, dann entsteht Chaos. Und Chaos ist eine *Krise*.

Der Körper macht sich dann auf unterschiedlichen Arten bemerkbar:

- Schlafstörungen
- Gereiztheit
- Tinnitus
- Augenzucken
- Schweißausbrüche
- Stimmungsschwankungen
- Depressionen
- Angst- oder Panikattacken
- Tachykardie (Herzrasen)
- Exantheme (Hauterscheinungen)
- Herpes
- Taubheitsgefühle/Kribbelgefühle
- Lähmungserscheinungen
- … diese Liste ließe sich unzählig lange weiterführen

Nach eigener Erfahrung denke ich, je länger man gegen diese Symptome ankämpft, desto mehr Erscheinungen wird der Körper zeigen. Bis man anfängt seine Gefühle und Symptome ernst zu nehmen.

Durch meine berufliche Laufbahn und vielerlei Recherchen in Büchern, die ich alle am Ende aufführe (z. B. Martel, Jacques: Mein Körper Barometer der Seele. Das psychosomatische Lexikon, das schon beim Lesen hilft. Kirchzarten bei Freiburg: VAK, 2003), denke ich, dass der Körper dem Menschen immer zu gewissen Zeitpunkten zeigt, was der Seele gefehlt hat bzw. fehlt. Und das macht der Körper mit verschiedenen Signalen deutlich.

Lange Zeit können wir diese Signale übergehen, oder nehmen sie nicht wahr. Bis diese Signale immer stärker werden und wir sie nicht mehr ignorieren können. Dann ist es meist zu spät und das Chaos beherrscht uns.

Nun ist es wichtig, wie es Veit Lindau in seinem Workshop beschreibt, sich allem hinzugeben, was ist, und nicht gegen bestehende Situationen anzukämpfen. Das heißt, man darf nun lernen, Geschehnisse anzuerkennen. Dazu helfen Listen mit allen Beweggründen. Zum Beispiel:

„Ja, ich erkenne an, dass ich meinen Job verloren habe."
„Ja, ich erkenne an, dass mich mein Partner verlassen hat."
„Ja, ich erkenne an, dass ich finanziell am Ende bin."
„Ja, ich erkenne an, dass ich nicht mehr kann."
„Ja, ich erkenne an, dass mein Körper schwach ist." usw.

Ich gebe mich also all dem hin, was ist, und verschönere nichts. Denn das ist leider etwas, das wir oft nicht tun: Unangenehme Dinge werden stattdessen gerne verdrängt bzw. unter den Teppich gekehrt, auf die Art „Aus den Augen, aus dem Sinn". Dieser Verdrängungsmechanismus bringt uns jedoch nicht weiter, denn diese negativen Gefühle und Emotionen stecken trotzdem noch in uns. Deshalb bin ich kein Freund davon, Situationen und Angelegenheiten zu verdrängen, außer natürlich, man führt sich damit selbst in eine Retraumatisierung! Es ist etwas anderes, wenn psychische Erkrankungen vorhanden sind.

Wenn wir also in einer Krise eine Art Checkliste erstellen, mit allem, was gerade im Leben eines selbst los ist, und eine Art Inventur machen, so veranschaulichen wir unsere belastenden Situationen. Dann können wir beginnen, diese anzunehmen und zu akzeptieren, dass alles so ist, wie es ist. Und schließlich, wenn es an der Zeit ist, fangen wir einfach neu an und starten durch. Optimieren, pausieren und Stufen zurückgehen kann man selbstverständlich immer.

Im Folgenden veranschauliche ich diesen Prozess durch eine kleine Skizze, welche innerhalb des Online-Workshops *Fucked Up Part II* angefertigt wurde. Die jeweiligen Stufen werden im Anschluss erläutert.

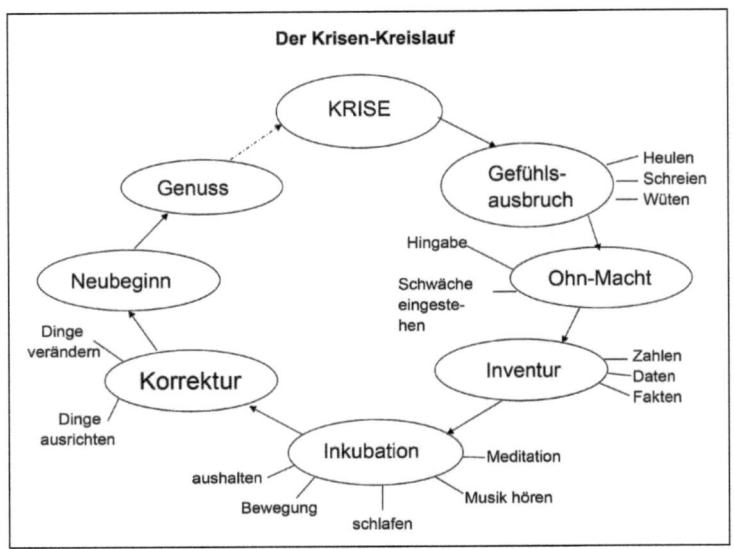

Kurze Erläuterung:

1. Gefühlsausbruch: Ich lasse meinen Gefühlen freien Lauf und finde mein persönliches Ventil hierfür. Dieses kann heulen, schreien, rennen, wüten, boxen, laute Musik hören uvm. sein.
2. Ohnmacht: Nach dem Gefühlsausbruch gebe ich mich meiner Situation vollkommen hin und gestehe ein, dass alles ist, wie es ist, und ich nicht mehr kann. Kampf beendet.
3. Inventur: Ich liste mir alle Belastungsfaktoren auf und untersuche diese auf Zahlen, Daten und Fakten. Somit finde ich heraus, wie belastend einzelne Punkte auf mich wirken. Hierzu kann ich auch mit Belastungsskalen arbeiten, oder, wenn verschuldet, die Schuldenhöhe bestimmen etc.
4. Inkubation: Bei der Inkubation stimme ich meinen Körper mit meinen Bedürfnissen überein. Zum Beispiel durch Meditation, Musik hören, schlafen, Sport, TV gucken, spielen, kochen etc.
5. Korrektur: Hier richte ich Dinge neu aus und verändere sie, wenn nötig.

6. Neubeginn: Ich beginne nach meiner Korrektur zu leben.
7. Genuss: Ich genieße meine Neuausrichtung und die dazugehörigen Gefühle.

Da es ein Kreislauf ist, folgt zu gegebener Zeit eine neue Krise. Jede Krise wird in einer anderen Intensität verspürt. Jede dieser Phasen kann unterschiedlich stark verspürt werden und unterschiedlich lange andauern.

Veit Lindau beschreibt die Phasen einer Krise als Alpha-, Beta, Gamma- und Deltaphase[10]. Diese finde ich sehr interessant und gut erklärt. Außerdem helfen sie mir, mich immer wieder zu orientieren, wenn eine neue Herausforderung in meinem Leben ansteht und mein Körper dementsprechend reagiert. Deshalb möchte ich diese Phasen hier in diesem Buch kurz aufführen.

- α **Alphaphase: Übereinstimmung**
  Diese Phase kann sowohl positiv als auch negativ sein. Wichtig ist, dass man den Körper wahrnimmt und akzeptiert, was dieser gerade braucht, und diese Bedürfnisse dann auch umsetzt. Belange des Körpers können sein: Ruhe, Schlaf, laut Musik hören, Sport, schreien, weinen etc. Außerdem soll man in dieser Phase passiv sein und nichts verändern.
- β **Betaphase: Frustration**
  In dieser Phase zeigt der Körper die ersten Anzeichen von Unmut. Man fühlt sich unwohl, kann jedoch oft keinen Zusammenhang oder keine Ursache erkennen und auch den Zustand nicht benennen.
- γ **Gammaphase: Chaos**
  In dieser Phase läuft alles aus dem Ruder. Der „Vulkan bricht aus", wir rotieren und bitten meist um Hilfe, da wir dem Körper zu dieser Zeit meist ausgeliefert sind.

---

10 Lindau, Veit: Podcast Krisenzeit. Siehe: https://veitlindau.com/fucked-up-online-workshop/(01.08.2022), Part II, 00:03:30–00:15:30

- d **Deltaphase: Aufschwung**
  Wir verspüren nun ein einsetzendes Gefühl des Überstehens. Die erste Euphorie setzt ein und wir blühen auf.
  Bei dieser Phase des Aufschwungs ist etwas Vorsicht geboten, denn häufig durchlebt man zuerst einen sogenannten „Pseudoaufschwung"! Diesen konnte ich bei mir zum Beispiel erkennen, als ich meine Arbeitsstelle gewechselt habe, nachdem ich wieder mit mehr Energie beladen war. Nach vier Monaten war ich erneut erschöpft und kehrte wiederholt in den Krankenstand zurück.

Bei diesen vier Phasen kann man einzelne Stufen der oben aufgezeigten Skizze mit einbringen bzw. zeigen sie sich identisch. Was ich zusätzlich noch interessant finde, ist, dass man nicht jede Phase strikt nach diesem Schema durchleben muss. Denn es gibt eine sogenannte **Reformoption**[11]. Hierbei stimmt der Körper mit dieser Phase überein. Wie zum Beispiel in meiner Situation: Ich befand mich im (d) Aufschwung und bin nochmal in die (γ) Chaosphase gefallen und zurück in den Krankenstand gegangen. Danach habe ich sehr schnell meinen Körper in die (α) Übereinstimmung gebracht, indem ich viel schlief, ruhte und entspannte.

Mit diesen Veranschaulichungen können wir, durch Achtsamkeit, lernen, unsere Körper besser zu verstehen. Je schneller wir Rücksicht auf unsere Körper nehmen, desto schneller kommen wir wieder in unsere innere Balance und in das innere Gleichgewicht.

Zum Schluss dieses Kapitels noch eine kleine Zusammenfassung, was mir persönlich aus Veit Lindaus Workshops Part I bis III am meisten geholfen hat:

---

11 Lindau, Veit: Podcast Krisenzeit. Siehe: https://veitlindau.com/fucked-up-online-workshop/(01.08.2022), Part II, 00:15:31–00:16:57

1. Mache dir bewusst: „JA, ich stecke in einer Krise."
2. Akzeptiere deine Situation und gib dich dieser voll und ganz hin.
3. Beichte und lasse deinen Gefühlen freien Lauf.
4. Feiere dich! Nicht nur deine Fortschritte, sondern v. a. deine Fehler. Zum Beispiel, wenn du einmal keine Ordnung gehalten hast oder nicht gekocht und geputzt hast.
5. Gönne dir Schönes und Gutes: Wir sind alle Lebenskünstler und sollten uns immer wieder dafür belohnen.
6. Untersuche deine Krise nach den drei Fragen (Sinn, Verständnis, Weg), um deinen eigenen Wegweiser kreieren zu können.

Glaube an dich! Und glaube daran, dass alles gut wird!

NACH DEN EIGENEN BEDÜRFNISSEN LEBEN

*Ein „Nein" nach außen ist ein „Ja" zum Innen und
kein persönlicher Angriff.*

Beschreibung einer Situation:

Ein Freund fragt, ob man ihm beim Umzug helfen kann. Obwohl man sich körperlich eigentlich nicht gut fühlt, sagt man trotzdem zu. Man fährt genervt und vielleicht in gedrückter Stimmung hin, hilft ihm und fährt am späten Abend erschöpft nach Hause. Da man am nächsten Tag wieder zur Arbeit muss, ist man verärgert und denkt sich: „Wegen dem Umzug hatte ich nicht mal einen Tag Zeit mich auszuruhen!"

Ich bin mir sicher, dass wir alle diese oder eine ähnliche Situation bereits erlebt haben oder kennen. Wir sagen sehr oft „Ja", obwohl wir im Körper ein „Nein" verspüren. Diese Verhaltensweise lässt uns verärgern, verspannen und schlauchen.

Mir ist klar geworden, dass auch ich auf die Anfragen anderer viel zu oft „Ja" gesagt habe, obwohl mir innerlich nach einem „Nein" gewesen wäre. Wohl aus der Angst der Ablehnung heraus. Ich habe meinen Mitmenschen und Kollegen sehr oft geholfen und mir mehr Arbeit aufgepackt, als dies mein Körper vertragen hat. Hilfe von anderen hingegen habe ich meistens dankend abgelehnt, da ich dachte, ich könnte die Dinge schon selbst erledigen, und weil ich nicht wollte, dass sich andere nur wegen mir mehr auflasten. Obwohl ich dachte, es wäre höflich, Angebote anderer abzulehnen, muss ich heute bei genauerer Betrachtung sagen, dass dieses Verhalten nichts anderes als *egoistisch* war. Durch meine Ablehnung der *Angebote* anderer, habe ich ihnen das positive Gefühl genommen, das sie hätten haben können, wenn ich zugelassen hätte, dass sie mir helfen. Denn jeder Mensch erfreut sich, wenn er einer anderen Person helfen kann, vor allem, wenn er dies noch von sich aus gerne möchte.

Irgendwann habe ich meine Verhaltensweise umgestellt. Ich habe begonnen, Bitten anderer öfters abzulehnen und übte mich im Delegieren von Aufgaben. Mittlerweile übe ich mich auch darin, angebotene Hilfe und Geschenke anzunehmen. Während dieser Verhaltensveränderung waren meine Gefühle oftmals nicht die besten, vor allem zu Beginn. Denn wenn ich eine Bitte ablehnte, schlich sich im Anschluss häufig ein schlechtes Gewissen ein. Dazu kam ich sehr schnell in Rechtfertigungspositionen, da ich dachte, meine Ablehnungen immer erklären zu müssen. Wohl aus dem Gedanken heraus, mein Gegenüber könnte sonst schlecht über mich reden und von mir enttäuscht sein.

Woher kommen solche Annahmen eigentlich? Und was wäre schlimm daran, wenn eine Person enttäuscht von einem wäre?

Die Reaktion eines anderen Menschen hat am wenigsten mit uns selbst zu tun. Wir nehmen solche Reaktionen nur allzu oft persönlich. Letztendlich sind es bei der abgelehnten Person meist wunde Punkte, in die wir mit der Ablehnung ihrer Bitte stechen. Vielleicht haben diese Menschen Glaubensmuster wie „Immer werde ich im Stich gelassen", „Keiner hilft mir und ich stehe wieder allein da" oder „Ich habe es nicht verdient, Hilfe zu empfangen". So wie auch der Gegenpart, der die Bitte abgelehnt und nun ein schlechtes Gewissen hat, folgende Glaubenssätze sprechen könnte, wie „Erst die Arbeit, dann das Vergnügen", „Ich bin nur wertvoll, wenn ich anderen helfe", oder „Ich muss meine eigenen Bedürfnisse hinten anstellen". Wahrscheinlich tragen wir den ein oder anderen der aufgeführten Glaubenssätze auch in uns.

Wie schwer es den meisten unter uns doch fällt, „Nein" zu sagen. Gerne flüchten sich viele in Ausreden oder Ignoranz. Zum Beispiel beim Klingeln der Haustür nicht zu öffnen, nicht ans Telefon zu gehen, bei Kontaktaufnahme nicht zu reagieren etc. Oder es werden sogenannte *Notlügen* erfunden, wie etwa Kopfschmerzen, Migräne, keine Zeit oder schon etwas vorzuhaben usw. Schöner wäre es, wenn wir uns gegenseitig offen und ehrlich unsere Stimmung und Gefühlslage klar mitteilen würden.

Meistens machen wir uns aber lieber unsichtbar oder versuchen, Situationen mit Ausreden und Notlügen aus dem Weg zu gehen. Wenn wir alle beginnen würden, klar und direkt auszusprechen, was in uns vor geht, dann würden wir uns sicherlich viele Nerven und Frust ersparen. Denn genau diese Gefühle entstehen, wenn wir gegen unsere Bedürfnisse handeln. Ich finde es ist an der Zeit, dass Menschen gegenüber sich selbst lernen, Verantwortung zu übernehmen, da dies ein Grundbaustein für die eigene Gesundheit darstellt.

Schon allein die Vorstellung, ein Leben zu leben, in welchem man nur nach seinen eigenen Bedürfnissen handelt, bringt viel Leichtigkeit in das System, sodass sich Anspannungen von selbst auflösen. Die Kunst sehe ich darin, das persönliche und gesunde Maß zu finden, wann ich diene und wann ich für mich sorge und Bitten ablehne.

Bedürfnisse und *Dienen* ähneln dem *Geben* und *Nehmen*. Und um dieses Kapitel abzuschließen, möchte ich kurz auf das „Das Leben ist zu kurz für später" von Alexandra Reinwart eingehen, da dies ganz gut zum Thema passt. In diesem Buch steht geschrieben, dass es im Leben auf die Balance des Gebens und Nehmens ankommt. Auf die Praxis bezogen verstehe ich diesen Satz wie folgt: Wer genauso viel gute Energie empfängt wie er aussendet, kann fortlaufend gute und kraftvolle Energien weitergeben. Des Weiteren sehe ich dies als Basis einer jeden guten Beziehung zwischen Menschen. Hierzu möchte ich zur Veranschaulichung folgendes Beispiel anführen: Wenn ich eine Freundin habe, die sich gerade von ihrem Partner trennt, dann schenke ich ihr meine Zeit, höre ihr zu und bin für sie da, sodass ich ihr in dieser schweren Zeit eine gute Stütze sein und ihr helfen kann. Wenn es ihr besser geht und sie mich ins Kino oder zu einem Wellnesstag einladen möchte, dann sage ich zu und nehme ihre Dankbarkeit an. Somit habe ich gegeben und von ihr bekommen. Also beruhen das Geben und Nehmen auf Gegenseitigkeit. So ist eine gesunde und ausgeglichene Freundschaft möglich. Dieses Prinzip lässt sich auf alle Beziehungen zu den Menschen in unserem näheren Umfeld anwenden. Auf die Eltern, Geschwister, Partner, Nachbarn und Arbeitskollegen, natürlich in unterschiedlichen Intensitäten und Formen. Ich denke, dass dieses Prinzip eine mögliche Lösung für viele Probleme und Belastungen wäre. So würden wir uns von unseren Mitmenschen wertgeschätzt und geliebt fühlen, sodass wir dadurch ausgeglichener, glücklicher und fröhlicher wären. Womöglich wäre dies, nach meiner Theorie, auch die Heilung mancher körperlichen Symptome, da ich denke, dass sich durch die innere Ausgeglichenheit automatisch bestehende Anspannungen und Blockaden im Körper auflösen würden. Denn wenn wir in unsere Systeme mehr positive Energien, wie Liebe, Freude und Zufriedenheit, einbringen, so können negative Energien, wie Wut, Groll, Trauer, Angst usw., nach und nach schwinden. Diese negativen Gefühle können durch unsere zu hohe Erwartungshaltung an anderen Personen entstehen. Vielleicht aufgrund der eigenen großen Unzufriedenheiten. Hier habe ich gelernt, dass man von Menschen nur erwarten darf, was man selbst bereit ist zu geben. Sonst stimmt das Verhältnis des Gebens und Nehmens nicht überein und wir leben nicht im Gefühl der Liebe, sondern im Gefühl des Mangels, Grolls, der Unzufriedenheit oder des Gleichen.

WAS MÖCHTE ICH UND WIE KOMME ICH IN MEINE UMSETZUNG

Viele kleine Schritte ergeben auch eine große Veränderung.

Mir fiel es lange Zeit schwer, eigene Bedürfnisse, Herzenswünsche und Träume zu erkennen und zu finden. Ich war verwirrt, da ich nicht genau wusste, wie ich leben wollte und wohin mich mein neuer Weg führt. Mir war nicht klar, was ich konnte, geschweige denn, was ich mir für mein Leben wünschte. Schließlich definierte ich mich immer über meine Arbeit. Somit fiel es mir unglaublich schwer, eine neue Definition meiner eigenen Person zu finden. Wenn mich ein Mensch fragte, wer ich sei, so konnte ich ihm keine genaue Antwort liefern, da ich es selbst nicht wusste. Also machte ich mich auf die Suche nach meinen Wünschen und Träumen. Dabei stellte ich fest, dass wir Inspirationen und Eindrücke überall gewinnen können – ob in Gesprächen, Zeitschriften, Büchern, Medien, auf der Arbeit oder in Vorträgen. Das sind die wenigen Beispiele, die mir einfallen. Oft überforderte mich der Informationsüberschuss, sodass es nicht selten vorkam, dass ich die Geräte ausschaltete. Kein Radio, kein Fernsehen, kein Handy. Nur die Ruhe, meine Gedanken und der Verstand. Dann überlegte ich, wie ich an meine Träume gelangen kann. Hierbei fand ich zur großen Unterstützung ein paar hilfreiche Fragen, die ich in Kapitel 5 in ähnlicher Form bereits erwähnte.

Möchte ich eine eigene kleine Familie?
Möchte ich die Welt erkunden?
Möchte ich einen neuen Job?
Welche meiner Stärken möchte ich ausweiten?
Wie möchte ich meinen Tag strukturieren, dass es mir dabei gut geht?
Was hilft mir, mich weiterhin selbst zu finden?

Welche Tätigkeiten bereiten mir Freude, bei welchen ich anderen Menschen dienen kann?
Welche Menschen zeigen wirkliches Interesse und tun mir gut?

Dies ist nur ein kleiner Ausschnitt der Fragen, die ich mir selbst wiederholt stellte, bis ich meine Antworten dazu gefunden hatte. Natürlich gibt es noch unendlich viele weitere Fragen. Es ist wichtig, seinen eigenen Fragenkatalog zu finden, die den persönlichen und individuellen Wegweiser gestalten können, sodass man seinen Lebensweg finden und ihn in Liebe beschreiten kann.

Bei der Vorgehensweise, also bei der Beantwortung der eigenen Fragen, ist es anfangs sinnvoll, sich den etwas leichteren Fragen zu widmen, denn sonst läuft man Gefahr, dass man wieder in alte Muster zurückfällt und sich schnell überfordert. Schließlich ist es nicht leicht, große Veränderungen in seinem Leben vorzunehmen, da sich Neues schnell fremd anfühlt und ungewohnt ist. Aber viele kleine Schritte ergeben mit der Zeit auch lange Strecken. Und kleine Veränderungen lassen sich besser und leichter in den gewohnten Alltag einbauen als große. Da wir Menschen Gewohnheitstiere sind, werden wir uns besser an Neuausrichtungen gewöhnen können, wenn kleinen Veränderungen integriert werden. Diese können zum Beispiel sein:

- Eine gesündere Ernährung, mit der ich erstmal für ein Essen täglich beginne, um sie dann von Zeit zu Zeit vollständig in alle Mahlzeiten zu integrieren.
- Oder ich möchte mich mehr bewegen. Hier starte ich zum Beispiel ein- bis zweimal wöchentlich mit einem 30-minütigen Spaziergang und kann diese Bewegung mit der Zeit beliebig verstärken, verändern und intensivieren.
- Wenn ich mehr lesen möchte, dann beginne ich hier mit einer kurzen Lesedauer täglich, zum Beispiel abends für 10 Minuten, und steigere auch dies beliebig.

- So ähnlich ist es auch bei Meditationen. Wenn ich mir mehr Ruhe wünsche, dann kann ich versuchen, kurze Meditationen in meinen Alltag zu integrieren. Hier kann ich mir beispielsweise Fünf-Minuten-Meditationen nach dem Aufstehen, zur Mittagspause, nach Feierabend oder vor dem Zubettgehen anhören und diese auch wieder wunschgemäß ausweiten.

Wenn man weiß, was man möchte, und danach handelt, so lebt es sich schon viel friedvoller. Da unsere Handlungen oft von verschiedenen Personen kommentiert, gewertet, oder sogar abgewertet werden, ist es wichtig, die Aussagen anderer Menschen nicht persönlich zu nehmen und sich davon nicht kränken oder einschränken zu lassen. Es ist dabei wesentlich, Reaktionen und Gesagtes als Inspirationen zu sehen. Entweder inspiriert mich etwas Gesagtes, sodass ich Veränderungen bei meinen Entscheidungen vornehmen möchte, oder eine negative Reaktion inspiriert mich bei meiner eigenen Vision zu bleiben und das Auserdachte genauso zu belassen. Denn Entscheidungen treffe nur ich allein, ich lasse mich lediglich von meinem Umfeld inspirieren.

Wenn wir Kinder beobachten, ist zu sehen, wie gut diese mit neuen Erfahrungen umgehen. Zuerst zeigen sie sich sehr neugierig und interessiert an neuen Dingen, dann gehen sie diese Abenteuer an und zuletzt fällen sie ihr eigenes Urteil, ob diese Erfahrung schön war, oder sie diese nicht noch einmal machen möchten. Ein relativ leichter Prozess. Oft habe ich mir überlegt, warum dies bei Kindern so ist. Dann dachte ich mir, dass diese kleinen Lebewesen so handeln, weil sie sich vom Außen kaum beeinflussen lassen und voll und ganz bei sich selbst sind. Ich denke, dass vielen Erwachsenen diese Eigenschaft fehlt, was sich darin zeigt, dass wir zu oft Entscheidungen abwägen, wie diese bei dem eigenen Umfeld ankommen würden.

Egal, was du von deiner Umwelt wahrnimmst – wenn du glücklich und zufrieden mit deinen Veränderungen bist, dann erfreue dich daran und versuche, diese neuen Erfahrungen beizubehalten, damit sie beständig bleiben. Ganz wichtig dabei ist, zwischendurch immer wieder in sich hineinzuhören, um die eigenen Gefühle bewusst wahrnehmen zu können. So kann man Veränderungsprozesse wunschgemäß optimieren, sodass sie mit einem Selbst vollkommen übereinstimmen. Wenn du mit dir im Einklang bist, dann bist du glücklich und strahlst dies nach außen. Da, wie bereits öfters beschrieben, unser Außen ein Spiegel unseres Selbst ist, bzw. das Ergebnis unserer Gedanken, kann man vieles in den Reaktionen der Mitmenschen erfahren.

Nach meiner Bewusstseinserweiterung habe ich meinen Fokus oft auf Folgendes gelenkt: Wie sehen mich die Menschen an? Welche Kommentare und Komplimente äußern sie? Wie kommunizieren sie verbal und auch nonverbal mit mir? Was passiert gerade in meinem Leben?

Dann habe ich in ruhigen Momenten innegehalten und mir diese Geschehnisse nochmal ins Bewusstsein gerufen. Und so merkte ich meist, wie es um mich stand und wie ich mich selbst wahrnahm bzw. wo ich noch Defizite und Entwicklungsbedarf hatte. Dies führe ich auf das sogenannte Spiegelgesetz. Denn es ist kein Zufall, was im Außen passiert. Wir haben so etwas wie einen inneren Projektor, je nachdem, was wir nach außen ausstrahlen. Und in uns können wir viel verändern[12]. Glaubte ich beispielsweise fest daran, dass es mein Leben gut mit mir meint, so bekam ich oftmals Positives zu spüren. Ich bekam nette Nachrichten von Freundinnen, Komplimente, hatte tolle Treffen mit Menschen, Inspirationen für mein Buch, war kraftvoller und motivierter. Wenn ich schlecht über mich selbst dachte oder mich abwertete, so bekam ich auch dies oft gespiegelt. Teilweise mit Aussagen wie „Oh, wie siehst du denn heute aus?" oder „Mensch, du siehst ja schrecklich aus!" Oder Folgendes: Im Haushalt ging etwas schief. Mir fiel zum Beispiel Besteck herunter, ich schüttete etwas aus, bekam eine Rechnung, die ich nicht mehr in Gedanken hatte, war allgemein wütend, deprimiert und schlapp. Dann habe ich immer wieder versucht, meine Aufmerksamkeit

---

12 Spiegelgesetz. Siehe: https://www.landsiedel-seminare.de/coaching-welt/wissen/coaching-tools/spiegelgesetz.html (11.08.2022)

auf mich zu lenken, sodass ich mich weiter entwickeln und aus meinen Fehlern lernen konnte. Auch „schwierige" Gespräche verliefen von Zeit zu Zeit zunehmend positiver. Denn ich rief immer wieder in mein Bewusstsein, dass mein Gegenüber nur ein Spiegel meines Selbst und das Ergebnis meiner Gedanken ist. Früher wollte ich die Menschen zu Positivem überzeugen und habe viel Energie in Gespräche gesteckt. Heute weiß ich, dass ich meine Gesprächspartner nicht ändern kann, sowie ich keinen Menschen der Welt ändern kann. Ich kann nur auf mein eigenes Verhalten Einfluss nehmen und wie ich mit Menschen in Verbindung bzw. Resonanz gehe. Nur dies ist mir möglich, da alles andere in meinen Augen übergriffig wäre. Denn wenn ein Mensch durch eine andere Person zu etwas getrieben wird, was er selbst nicht möchte, dann ist dies ein menschlicher Übergriff, da wir somit dem Menschen die eigene Haltung und Entscheidungsfreiheit vorwegnehmen. Ich kann nur ein Vorbild sein, indem ich meine eigene Haltung und meine eigenen Werte vorlebe. Denn so wird es für jeden Menschen möglich sein, für sich selbst frei entscheiden zu können, was er für sich verändern möchte.

SICH SELBST UND SEINE BEDÜRFNISSE WICHTIG NEHMEN

Sich für ein Leben nach eigenen Vorstellungen entscheiden

Als ich meine Bedürfnisse erkannte und auch eigene Vorstellungen erzielte, wie ich mein Leben führen möchte, so kam ich anfangs sehr oft ins Zweifeln. Dadurch, dass ich mich früher immer über meine Leistung der Arbeit definierte und erst dann gut genug war, wenn ich einen guten Dienst erbrachte, war es immer wichtig für mich, meine neu gewonnenen Ideen mit meinen Liebsten zu teilen. Wohl aufgrund meines geringen Selbstvertrauens. Ich dachte, wenn ich meine Vorstellungen mit Menschen teilte, so würde ich viel Zuspruch bekommen. Dem war oftmals nicht so. Entweder wurde nicht groß reagiert oder es wurde an meinen Vorstellungen gezweifelt. Damit umzugehen war nicht leicht für mich, da ich diese fremden Zweifel und Meinungen oft sehr persönlich nahm. Ich dachte immer wieder, dass mit mir etwas nicht stimme – aufgrund von Sätzen wie: „Du bist so anders geworden und ich kann es nicht genauer erklären", oder „Ich erkenn dich nicht wieder, früher warst du ganz anders", oder „Du interessierst dich gar nicht mehr für die anderen". Da ich anfangs sehr euphorisch war, änderte ich meine Lebensvorstellungen ziemlich oft. Nach einiger Zeit fand ich dann für mich heraus, dass ich von meinem Gegenüber nicht erwarten darf, dass sie die gleiche Weltanschauung und Denkweise haben wie ich. Jeder Mensch hat seine eigene Vergangenheit, die ihn prägt und woraufhin sich sein Denken weiterentwickelte. Und das ist etwas ganz Schönes. Denn schon aufgrund dessen können wir viel von anderen lernen. Wir können uns gegenseitig anhören, eigene Haltungen einnehmen, diese vertreten und aus dem Herzen heraus entscheiden, was man von Gesprächen mitnehmen und umsetzen möchte. Somit kann sich jeder seinem eigenen Glück annehmen und hingeben.

Des Weiteren war ich oftmals viel zu streng zu mir selbst. Wir Menschen neigen im Allgemeinen dazu, in großer Bescheidenheit zu leben, wenn es um unsere eigenen Stärken und Fähigkeiten geht. Wenn wir selbst positiver gegenüber unseren verschiedenen Eigenschaften eingestellt wären, dann würde es uns helfen, an unseren Fähigkeiten zu wachsen und vielleicht sogar etwas Großes daraus zu entwerfen. So könnten wir unsere Gedanken positiv programmieren, was zu tollen Ergebnissen führen würde, wie in Kapitel sechs bereits verdeutlicht. Wenn wir also mehr Stolz für uns und unsere Fähigkeiten entwickeln, dann erschaffen wir uns ein aufregendes und spannendes Leben, das wir lieben werden. So würden wir, bildlich gesehen, unsere Züge zum Anfahren bringen und an unsere Ziele gelangen. Wichtig sind ein fester Glaube und ein starker Wille, um sich nicht vom Weg abbringen zu lassen. Egal, wie lange dieser auch sein möge. Was man dazu braucht, steckt bereits in uns. Und die Zeit allein wird uns den Weg zu unseren Zielen vorgeben. In unseren Gedanken fängt der individuelle Weg bereits an. Wenn wir dies fest im Körper durch ständiges Visualisieren manifestieren, dann läuft es fast von ganz allein. Das Leben spielt für uns. Und egal, ob wir gewinnen oder fallen, wir werden immer an Erfahrungen, Erkenntnissen oder Lektionen bereichert. Und nach einiger Zeit werden wir sehen, wie weit wir es dann geschafft haben.

AUTHENTISCH SEIN

Für sich und seine Eigenheiten einstehen

Egal wann, wo oder wie. Wir alle kennen dieses Gefühl, wenn man anders spricht oder handelt, als man es ursprünglich wollte beziehungsweise vorhatte. Ob im Job, in einer Menschengruppe, in Bus oder Bahn, beim Einkaufen, im Schwimmbad, bei einem Date oder anderen Situationen. Oft verhalten wir uns anders, als wonach es uns eigentlich gerade wäre. Diese Verhaltensweise hat, meiner Meinung nach, damit zu tun, dass man sich anpassen möchte, oder, weil man gelernt hat, den Menschen nichts Negatives zu entgegnen und immer freundlich zu sein. Oder sie beruht auf Unsicherheiten und Selbstzweifeln, da wir unsere Entscheidungen oft mit dem Umfeld abgleichen wollen und schöne, positive Reaktionen erwarten. Ich denke, das ist ein Resultat dessen, dass, wenn sich ein Mensch nicht wohl fühlt und das ein oder andere an sich auszusetzen hat, er sich automatisch Gedanken macht, was andere von ihm denken. Somit passt er sich dem Umfeld an, vielleicht mit dem Gedanken, sich nicht blamieren zu müssen und mit dem Wunsch, gemocht zu werden. So überspielen viele Menschen ihre Unsicherheiten durch eine Fassade. Leider schade, denn so wird der individuelle Mensch mit seinem Wesenskern versteckt. Auch, wenn ein Mensch sein Selbst mit Humor und Coolness überspielt, die wahre Schönheit und Einzigartigkeit geht verloren, und das finde ich traurig. Kein Mensch muss so sein, wie ein anderer ist. Die Individualitäten machen uns zu einzigartigen Lebewesen.

Und doch fällt mir immer wieder auf, wie viele Menschen mit sich selbst und ihrem Leben unzufrieden sind. Sie zeigen dies in unterschiedlichen Formen. Entweder sind sie mies gelaunt, grimmig, aggressiv, depressiv, mutlos, wütend, ruhelos oder vieles mehr. Was all diese Eigenschaften gemeinsam haben: Dass die

Menschen dahinter zutiefst unzufrieden sind. Unzufrieden, weil sie wohl nicht das Leben führen, das sie in ihrem tiefsten Herzen gerne führen würden. Ich nehme mich in diesem Thema nicht heraus. Meine Unzufriedenheit hieß Depression. Viele Menschen verrichten Arbeiten in Rekordzeiten, klatschen sich teilweise ab, um auf die Toilette zu gehen, rechnen sich nebenher im Kopf aus, was noch alles zu tun ist, und sind rund um die Uhr getaktet mit Terminen. Kein Wunder, dass viele anfangen durchzudrehen, auszubrennen oder in ein Loch zu fallen. Aber was meiner Meinung nach gut daran ist, ist der Umstand, dass sich die meisten der Betroffenen währenddessen oder danach neu ausrichten. Sie steigen höchstwahrscheinlich auf etwas Neues oder Anderes um. So auch bei mir. In meinen Zeiten der Verzweiflung wusste ich oft nicht weiter. Was mir in diesen Phasen geholfen hat, war das Urvertrauen. Ich habe mir einen tiefen Glauben angeeignet, dass alles gut werden würde und habe mir immer wieder passende Affirmationen eingetrichtert, bis ich sie glaubte. Es hört sich leicht an, was es leider nicht immer war. Die Momente der Verzweiflung waren lang andauernd, nervenaufreibend und unangenehm. Aber auch diese Phasen endeten irgendwann. Neue Hoffnungen kamen auf, ich fing an, vieles niederzuschreiben, bei denen ich dachte, diese Dinge könnten zu meinem Zustand beigetragen haben – ob es nun Glaubenssätze, Erfahrungen, Geschehnisse, eigens aufgestellte Verbote, hohe Erwartungshaltungen an mich selbst oder Sonstiges waren. Ich habe mich intensiv mit mir auseinandergesetzt und mir nach so vielen Jahren Gedanken gemacht, was ich wirklich möchte. Zahlreiche Podcasts und Bücher haben mir dabei sehr geholfen.

Mit der Zeit wurde ich ruhiger, entspannter, hoffnungsvoller, annehmender, friedvoller und mir selbst gegenüber offener und liebevoller. Ja, ich kann sagen, ich bin zu einem neuen Menschen gereift, der immer schon in mir war, den ich jedoch nie richtig kennengelernt, anerkannt und ausgelebt habe. Ich habe mir meinen Charakter, meine Persönlichkeit neu kreiert. Und jetzt übe ich mich darin, meine neuen Werte auszuleben.

Mein Partner und ich bemühen uns, ein wundervolles Leben zu führen. Ein Leben, das aus vielen Abenteuern, Überraschungen und Herausforderungen besteht. Ein Leben, das erfüllt ist von Liebe, Freude, Spaß und Harmonie. Ein Leben, in dem wir uns groß machen, und restliche Schalen abwerfen, die uns noch klein halten. Ich möchte gemeinsam mit ihm wachsen und erfüllt sein von so viel Liebe, dass ich einen Teil davon in die Welt bringen und viele Menschen damit anstecken kann. So wird es möglich sein, dass Menschen wieder zu ihrem Wesenskern finden, sich lieben und achten lernen und dies wiederum auch in die Welt weitergeben können. Das ist meine Vision.

PERSÖNLICHE WERTE, DIE MIR WICHTIG SIND

1. Lasse los

In meinem Leben habe ich mir nie oder kaum Gedanken über das Loslassen gemacht. Im Laufe der Zeit wurde mir erst zunehmend bewusster, was das *Festhalten* der Dinge für eine große Macht hat. Es bindet uns, gibt uns wenig Spielraum, macht uns abhängig, oder lässt uns mit etwas kämpfen.

Solange wir in Liebe, Frieden und Harmonie leben, ist alles gut. Das möchte ich hier nochmal hervorheben. Wenn wir jedoch nicht mehr im Einklang unserer Werte und Gefühle leben, dann braucht es Veränderung. So eben auch bei mir, als ich merkte, wie unwohl ich mich fühlte. Während meiner Forschung nach den Ursachen meines Unwohlseins stellte ich unter anderem fest, dass ich mich in vielen Bereichen meines Lebens in Kämpfe oder Abhängigkeiten begab.

Nicht mehr meiner alten Arbeit nachzugehen hieß für mich, dass ich den Gedanken loslassen musste, nur dort mit meinen Fähigkeiten *dienen* zu können. So konnte ich Freiheiten für neue Tätigkeiten und Inspirationen gewinnen. Alle Beziehungen, die mir nicht mehr guttaten, habe ich ziehen lassen. Auch hier schaffte ich wieder freie Plätze für Neues. Dies sind Beispiele, die im Außen stattfanden. Im Inneren habe ich Loslassen wie folgt erlebt: Ich gab mir keine festen Essenszeiten mehr vor, was mich flexibler und freudig stimmte, und ich aß, wann ich Hunger hatte, und vor allem gönnte ich mir, wonach ich mich gerade sehnte. So kam es vor, dass ich mir morgens um 9 Uhr mein Lieblingsessen kochte. Meine inneren Gefühle kann ich kaum beschreiben. Mit solch Kleinigkeiten konnte ich mir große Freude schenken. Allgemein setzte ich mich keinem Druck mehr aus, der mich aufforderte, Dinge in bestimmten Zeiten, an bestimmten Tagen und Orten zu tun, somit gewann ich zunehmend an Entspannung.

Zudem änderte ich mein Denken „nur in meinem alten Job etwas wert zu sein", was meine Selbstzweifel von Zeit zu Zeit reduzierte und mir Mut machte, etwas Neues auszuprobieren.

Was mir zu diesem Thema einfällt und mir als sehr erwähnenswert erscheint, war ein Seminar mit Tobias Beck, bei dem ich teilnahm. Er schenkte mir eine Metapher zum Thema Lebenszeit[13]: Unter unseren Stühlen befand sich eine Schnur von circa 30 Zentimeter. Diese nahmen wir hervor. Dann gab er uns die Aufgabe, von dieser Schnur unser Alter abzuziehen, wenn wir davon ausgehen, 80 Jahre alt zu werden. Also folgten wir dieser Aufforderung. Danach konnten wir an der restlichen Schnur unsere „noch zu verbleibende" Zeit sehen, die wir lebend auf der Erde verbringen können. (Wenn du möchtest, mache diese Übung gerne nach, vielleicht gewinnst du daran auch eine neue Erkenntnis, so wie ich.) Diese wenigen Minuten mit dieser Übung bewirkten ein großes Umdenken in mir. Denn sofort fingen meine Gedanken an, sich umzuformen. Viele Ängste schwanden schlagartig und plötzlich blinkten mir zahlreiche Bilder und Ideen auf, die ich unbedingt ausprobieren wollte. Somit kam ich in ein großes Umdenken. Und aufgrund meines Umdenkens versuche ich nun tagtäglich, so gut ich kann, meine Traumvorstellungen und Herzenswünsche zu verwirklichen. So bemühe ich mich, meinen Geist mit meinen neuen Gedanken und Vorstellungen zu füttern. Klaus, ein sehr toller und inspirierender Lehrer/Coach/Trainer (Klaus Kirchlechner aus „Auszeit in den Bergen" – danke, dass ich dich in meinem Buch namentlich erwähnen darf)[14] hat mir einmal gesagt: „Füttere deinen Körper, vor allem dein Unterbewusstsein, durch deine neuen Kenntnisse, mit deinen fünf Sinnen. Nähre deinen Körper, vor allem dein Unterbewusstsein, durch riechen, schmecken, sehen, hören oder fühlen. So kannst du dein Unterbewusstsein darauf

---

13 Beck, Tobias: Gedankentanken. Ingolstadt, 2019
14 Kirchlechner, Klaus; Gassner, Kirsten. Auszeit. Siehe: https://www.auszeit-in-den-bergen.at (November 2020)

trainieren, dass es dir und deinem Lebensentwurf glauben und vertrauen kann."

Aus meiner Sicht ist alles Gewohnte für unser Unterbewusstsein ein fortlaufendes und bekanntes Programm. Solange wir Programme nicht umstellen und diese Umstellung fühlen und ausleben, werden wir weiter nach unseren alten Mustern gelenkt und geführt. Unsere Köpfe werden uns dazu auch immer die passenden Gedanken liefern. Denn meiner Meinung nach funktioniert das Unterbewusstsein wie ein PC. Auf diesem können wir Updates durchlaufen lassen, Aktualisierungen vornehmen und diese abspeichern. Wir können dort alte Programme löschen und neue hochladen. Jeder kann mit seinem eigenen Computer arbeiten, indem er sich sein Innenleben anhört und alte sowie neue Gefühle wahrnimmt und ihnen Ausdruck verleiht. So können wir unserem PC neue Strukturen geben, sodass eine neue innere Ordnung herrschen kann (siehe dazu auch gerne nochmal Kapitel sechs, Skizze).

2. Sei geduldig

Viel zu oft neigen wir zur Ungeduld. Ob beim Einkaufen, beim Anstehen der Warteschlange, wenn auf eine Frage nicht gleich geantwortet wird, wir auf den Handwerker länger warten müssen, der Autofahrer vor einem bei „Grün" nicht gleich losfährt usw. Oft begeben wir uns selbst in Stress und Hektik durch unsere Ungeduld, wie bereits in Kapitel elf ausführlicher geschrieben. Oder wir möchten, dass die Zeit schneller vergeht, so zum Beispiel, wenn wir uns wünschen, dass der Arbeitstag schnell zu Ende geht. Genauer gesehen wünschen wir uns damit aber weniger Lebenszeit. Denn wenn wir uns durch Situationen und Momente bereits hindurch denken, ohne diese gelebt zu haben, so würden wir uns diese kostbaren Zeiten einfach wegnehmen wollen. Aus dieser Sicht heraus ist das sehr bedauerlich und traurig. Also, lieber geduldig sein, das Schönste aus den Momenten mitnehmen und jede einzelne Minute genießen. Auch wenn es in eher unangenehmeren Situationen nur eine Sache war, die man gelernt hat, dann hat man immerhin in diesem Moment eine Erkenntnis dazugewonnen. Aus meiner Erfahrung der letzten Jahre heraus, konnte ich auch erfahren, dass Geduld und Achtsamkeit äußerst wichtige Faktoren für die Gesunderhaltung sind. Denn in der Ruhe liegt die Kraft. Wenn wir in uns ruhen, dann beruhigen wir unseren Geist und unsere Seele, sodass wir im Einklang mit unsrem Körper fit und aktiv bleiben können. Durch das viele Ruhen und Meditieren bin ich heute nicht nur gelassener, sondern auch zufriedener, ruhiger und entspannter gegenüber verschiedenen Lebensumständen.

3. Tiefer Glaube

Über einen langen Zeitraum hinweg hatte ich immer wieder laute Stimmen in meinem Kopf, die in Wiederholungsschleife riefen: „Das Leben ist doch unfair!", „Warum passiert das genau mir und genau jetzt?", „Was habe ich denn verbrochen, dass es mir jetzt so schlecht geht?" Mit diesem Denken befand ich mich in einer Opferhaltung. Ich verurteilte meinen Körper und somit mich selbst. Dieses Denken konnte mir nicht helfen. Ganz im Gegenteil. So fütterte ich mein System mit diesen Inhalten und dank der Macht der Anziehung bekam ich genau das gespiegelt. Solange ich glaubte, als Opfer in meiner Situation gefangen zu sein, änderte sich nichts. Erst, als ich meine Haltung bewusster und klarer sah, wusste ich, dass ich für meine Heilung handeln musste. Also befasste ich mich mit dem Thema Selbstvertrauen und Glauben. Auch meine Ausbildung bei Sabine unterstrich meinen neuen Ansatz15: Wenn man an etwas glaubt, dann kann es auch Realität werden. Bei Sabine lernte ich viel über das Thema

---

15 Breiler, Sabine: Ausbildung Freie Heil- und Transformationsarbeit. Bad Tölz. Siehe: https://sabine-breiler.de/fht-grundausbildung/de/fht-grundausbildung/(2021)

Heilung und Transformation. Was und wie wir dort gelernt haben, kann ich kaum mit Worten beschreiben, denn Worte würden die Gefühle, die ich dort hatte, stark eingrenzen. Jedenfalls lernte ich, auf meine Gefühle und Gegebenheiten zu vertrauen, und in diesem Vertrauen Situationen und Momente anzunehmen. Durch die erlernte Technik und mithilfe großen Vertrauens gegenüber mir selbst als auch gegenüber den anderen Kursteilnehmern konnte ich viele meiner Blockaden lösen. Durch diese aufregende, spannende und sehr wertvolle Zeit lernte ich meinen tiefen Glauben kennen. Nicht nur in der freien Heil- und Transformationsarbeit, sondern auch allgemein. Ich weiß jetzt, dass mein Leben wunderschön werden wird, weil ich fest daran glaube. In den letzten Jahren haben sich für mich sehr viele Dinge ins Positive verändert. Ich habe viele neue Menschen kennenlernen dürfen. Meine Beziehungen zu den Menschen haben sich sehr vertieft und ich liebe es, mich stundenlang über Gott und die Welt zu unterhalten. Auch meine Gedanken fühlen sich mittlerweile oft so gut an und gefallen mir, dass sich die entsprechenden Gefühle dazu von selbst einstellen. Aus allein diesen, aber auch vielen anderen Gründen kann ich sagen: Ein tiefer Glaube verändert das Leben und lässt Unmögliches möglich werden.

Wenn ich dich mit diesem Buch inspirieren konnte, dass es *leicht sein darf*, sich auf seinen Weg zu begeben, dann wünsche ich dir nun viel Spaß auf deiner eigenen Reise. Mögest du glücklich und zufrieden sein.

Deine Tina Stefani

DANKSAGUNG

Sabine Breiler: Hotelfachfrau (IHK), Betriebswirtin (FH), Direktmarketingfachwirtin (BAW), zertifizierte Trainerin für medizinisches® Shaolin Qi Gong, Heilpraktikerin für Psychotherapie, zahlreiche Zusatzausbildungen zum Praktizieren von ThetaHealing.

Ich danke dir sehr herzlich, dass ich Zeit mit dir verbringen durfte und du mich mit deinen besonderen Fähigkeiten durch viele Altlasten hindurchgeführt und begleitet hast. Durch dich habe ich begonnen, mich auf meine Reise zu mir selbst zu begeben. DANKE!

Simone: Geliebte Schwester, wir haben einige Höhen und Tiefen gemeinsam durchlebt und erfolgreich gemeistert. Auch, wenn es nicht immer leicht war und wir fast verzweifelten. Ich bin unendlich dankbar, dass wir jetzt ganz liebevoll miteinander verbunden sind, wie noch nie zuvor. Ich bin sehr glücklich, dich in meinem Leben zu haben. Ohne dich wäre womöglich vieles in meinem Leben erst gar nicht entstanden und ich wäre wohl auch nicht die Person, die ich heute bin. Egal, in welcher Lebenslage ich mich befand, du warst immer für mich da. Vielen lieben Dank für alles. Ich liebe dich!

Mama und Papa: Ihr seid diejenigen, die überhaupt verantwortlich sind, dass ich Teil dieses Lebens sein darf. Wir hatten viele Höhen und Tiefen miteinander. Jedoch schätze ich eure Aufrichtigkeit und Liebe mir gegenüber sehr! Ich war nicht immer einfach und auch nicht immer so liebevoll zu euch, wie ihr es verdient hättet, das weiß ich. Und doch würdet ihr mich immer wieder mit euren herzerwärmenden Armen empfangen.

Mama, du hast mich wiederholte Male vor Schlimmerem bewahrt, als es mir nicht gut ging, und hast mich aufgefangen.

Ich danke euch aus tiefstem Herzen und liebe euch über alles!

Rainer: Du warst der erste Mensch auf dieser Welt, der mir gezeigt hat, wie sich eine gesunde Liebe anfühlt, die auf gegenseitiger Achtung und Wertschätzung beruht. Ich freue mich so sehr, mein Leben mit dir teilen zu dürfen. Du hast mich in den letzten Jahren so sehr zum Wachsen gebracht. Dank dir habe ich meinen tiefen Glauben an mich selbst zurückgewonnen. Ich danke dir von Herzen sehr, dass du mir nach all dieser schwierigen Zeit immer noch so stark zur Seite stehst und mir immer wieder den Rücken stärkst, wann immer ich das brauche! Ich liebe dich von ganzem Herzen!

Elli: Du bist die Freundin, die mich fast mein ganzes Leben lang schon kennt und begleitet. Du kennst so viele Facetten von mir und hast meine Entwicklungen ganz nah miterlebt. Ich danke dir sehr für dein tiefes Vertrauen in mich und die tolle Freundschaft, die wir haben. All deine vielen ehrlichen Worte, die bisher gefallen sind, und, dass du immer für mich da bist, vor allem wenn die Dinge mal nicht so gut laufen! Ich hab' dich unendlich lieb und wünsche mir, dass unsere Freundschaft bis zu unserem Lebensende bestehen bleibt. Danke für alles!

Lena: Mein liebes Lenchen. Auch du bist mir eine so wichtige Bezugsperson geworden! Wir können gemeinsam lachen und weinen. Wir unterstützen uns so oft in Situationen, die uns im Leben herausfordern. Ich bin dir unendlich dankbar, dass du mir, gerade in meinen schwierigen Lebensphasen, immer zur Seite gestanden bist und mich aufgefangen hast, wann immer es nötig war. Ich hab dich ganz fest in mein Herz geschlossen und es ist so schön, dass es dich gibt! Ich hab dich von Herzen lieb!

Heike: Wir haben uns durch Rainer kennen- und lieben gelernt. Selten habe ich so eine herzerwärmende und leuchtende Person wie dich gesehen. Ich bin sehr dankbar, dass sich zwischen uns eine so tiefe Freundschaft entwickelt hat. Wir stützen und motivieren uns oft gegenseitig, was ich an unserer Freundschaft sehr schätze und liebe. Du glaubst immer an mich, egal wie verrückt meine Ideen auch klingen. Ich danke dir und habe dich ganz fest lieb!

Kristin: Dich habe ich durch Heike kennenlernen dürfen. Du bist mir nicht nur eine tolle Freundin-, sondern auch ein wahnsinnig toller Lehrer geworden! Deine besondere Art und deine Fähigkeiten mag ich sehr! Du warst viel für mich da, als es mir nicht gut ging. Ob ich eine EFT-Sitzung mit dir benötigte, oder auch nur ein Gespräch. Du hast dir immer Zeit frei geschaufelt und mir so viel Mut gegeben, meinen Weg zu gehen. Dafür danke ich dir unendlich sehr!

Klaus & Kirsten: Ohne meiner Auszeit bei euch wäre dieses Buch womöglich gar nicht erst entstanden. Bei euch konnte ich die Ruhe und Inspirationen finden, die zu diesem Buch nötig waren. Ich danke euch vielmals für all unsere tiefen und inspirierenden Gespräche, meine bezaubernde Unterkunft im Wohlwagen „Bruni" und, dass ich mich dort zurückziehen und an meinem Buch schreiben konnte, wann immer ich es wollte. So schön, dass es euch gibt! Danke für alles!

An all meine Testleser: Vielen herzlichen Dank für eure Zeit, Geduld und Bemühungen beim intensiven Lesen meiner ersten geschriebenen Zeilen. Durch eure Feedbacks hat sich der Inhalt zu diesem tollen Buch entwickelt. Herzlichen Dank dafür!

HIER IST PLATZ FÜR DEINE EIGENEN GEDANKEN

LITERATUR
SEKUNDÄRQUELLEN

Bücher, die mich inspirieren:

Beck, Tobias: Unbox your life – Bewohnerfrei, das Geheimnis für deinen Erfolg im Leben. Offenbach: Gabal Verlag, 2018
Byrne, Rhonda: The Secret – das Geheimnis. Göttingen: Arkana Verlag, 2007
Canfield, Jack; Hansen, Max Victor; Newmark, Amy: Hühnersuppe für die Seele. München: Goldmann Verlag, 2020
Chapman, Gary: Die 5 Sprachen der Liebe. Marburg: Francke Buch, 2003
Fields Millburn, Joshua; Nicodemus, Ryan: Minimalismus – Der neue Leicht-Sinn. München: Graefe und Unzer Verlag, 2018
Klein, Christopher: Wer gibt, wird reicher. KLHE, 2018 (E-book)
Lindau, Veit: Werde verrückt – wie du bekommst, was du wirklich-wirklich willst. München: Goldmann Verlag, 2019
Martel, Jacques: Mein Körper Barometer der Seele – das psychosomatische Lexikon, das schon beim Lesen hilft. Kirchzarten bei Freiburg: VAK, 2020
Muthig, Michaela: Der kleine Saboteur in uns – unbewusst Widerstände erkennen und auflösen. München: dtv, 2019
Reinwarth, Alexandra: Das Leben ist zu kurz für später. München: mvg Verlag, 2018
Robbins, Anthony: Das Robbins Power Prinzip – befreie die innere Kraft. Berlin: Ullstein, 2004
Ruiz, Don-Miguel: Die vier Versprechen. Berlin: Ullstein, 2022
Ruiz, Don-Miguel: Vollendung in Liebe. Berlin: Ullstein, 2004
Sieverling, Nicola: Plan B – endlich etwas finden, für das man wirklich brennt. München: Kailash Verlag, 2020
Seiler, Laura Malina: Zurück zu mir – eine heilende Begegnung. Hamburg: Rowohlt Taschenbuch Verlag, 2021
Stahl, Stefanie: Das Kind in dir muss Heimat finden. München: Kailash Verlag, 2017

Stahl, Stefanie: So bin ich eben – erkenne dich selbst und andere. München: Kailash Verlag, 2020
Strelecky, John: Das Café am Rande der Welt – eine Erzählung über den Sinn des Lebens. München: dtv, 2007
Strelecky, John: Wiedersehen im Café am Rande der Welt – eine inspirierende Reise zum eigenen Selbst. München: dtv, 2015
Strelecky, John: Auszeit im Café am Rande der Welt – eine Wiederbegegnung mit dem eigenen Selbst. München: dtv, 2019
Strelecky, John: The big 5 for live – Was wirklich zählt im Leben. München: dtv, 2009
Stross, Alexandra: Natürliches Entgiften – Freiheit für Körper, Geist und Seele. München: riva, 2019
Ware, Bronnie: 5 Dinge, die Sterbende am meisten bereuen. Göttingen: Arkana Verlag, 2013
Wolynn, Mark: Dieser Schmerz ist nicht meiner. München: Kösel-Verlag, 2020

Podcasts/Hörbücher, die mich inspiriert haben:

Hommelsheim Christina & Walter: Herz über Kopf: https://www.herz-kopf.com/podcast/(2022)
Lindau, Veit: Seelengevögelt – für die Rebellen des Lebens: https://veitlindau.com/podcasts/(2022)
Seiler, Laura Malina: Happy, holy & confident: https://lauraseiler.com//podcast/
Seiler, Laura Malina: Mögest du glücklich sein: https://www.youtube.com/watch?v=keeAoDAamFQ

Ausbildungen, die mich inspiriert haben:

Breiler, Sabine: Ausbildung Freie Heil- und Transformationsarbeit. Bad Tölz. Siehe: https://sabine-breiler.de/fht-grundausbildung/de/fht-grundausbildung/(2021)

Hommelsheim Christina & Walter: Greator-Coach-Ausbildung. Siehe: https://greator.com/greator-coaching/greator-coach/(2022)
Busch, Frank: Ausbildung TouchLife Praktikerin. Siehe:https://www.touchlife.de/portfolio-items/massageschule-teising/(2022)
TouchLife-Webseite: https://www.touchlife.de (2022)

Seminare und Ausflüge, die mich inspiriert haben:

Bischoff, Christian: Die Kunst dein Ding zu machen (2019). Persönlichkeitsentwicklung. Siehe auch: https://www.youtube.com/watch/?v=DcdM_isYxzQ&t=2s (11.08.2022)
Gedankentanken 2019 (jetzt: Greator) Siehe: https://greator.com
Kirchlechner, Klaus; Gassner, Kirsten: Auszeit. Siehe: https://www.auszeit-in-den-bergen.at (November 2020)

Bewerten Sie dieses Buch auf unserer Homepage!

www.novumverlag.com

Die Autorin

Stellst du dir manchmal die Frage, was dein Leben dir bringt?
Ob es DAS schon gewesen sein soll?
Oder ob es da nicht noch mehr für dich gibt?
Wenn ja, dann hältst du gerade das richtige Buch in deinen Händen.

Ab dem Moment, als ich meinen Job nicht mehr ausüben konnte, hat sich für mich mein gesamtes Leben verändert und auf den Kopf gestellt. Nichts war mehr, wie es einmal war. Mit diesem Buch beschreibe ich all meine Erfahrungen, Gedanken und Gefühle, die mich mein Leben bisher gelehrt haben. Somit biete ich Anregungen, wie sich der Mensch selbst aus widerspenstigen Situationen hinausbegleiten kann, und gebe Anreize, wie er sich ein friedvolles und liebevolles Leben kreieren kann.

Es grüßt euch herzlich
Tina Stefani

novum VERLAG FÜR NEUAUTOREN

Der Verlag

> *Wer aufhört
> besser zu werden,
> hat aufgehört
> gut zu sein!*

Basierend auf diesem Motto ist es dem novum Verlag ein Anliegen, neue Manuskripte aufzuspüren, zu veröffentlichen und deren Autoren langfristig zu fördern. Mittlerweile gilt der 1997 gegründete und mehrfach prämierte Verlag als Spezialist für Neuautoren in Deutschland, Österreich und der Schweiz.

Für jedes neue Manuskript wird innerhalb weniger Wochen eine kostenfreie, unverbindliche Lektorats-Prüfung erstellt.

Weitere Informationen zum Verlag und seinen Büchern finden Sie im Internet unter:

w w w . n o v u m v e r l a g . c o m